워렌 버핏도 알려주지 않는
펀드투자 스텝스톤
13

위렌 버핏도 알려주지 않는
펀드투자 스텝스톤

13

1판 1쇄 인쇄 2011년 3월 20일 | 1판1쇄 발행 2011년 3월 30일 | 지은이 김경식 | 펴낸이 임종관 | 펴낸곳
미래북 | 북디자인 송원철 | 신고번호 제302-2003-000326호 | 서울시 용산구 효창동 5-421호 | 전화
02)738-1227(대) | 팩스 02)738-1228 | 이메일 miraebook@hotmail.com | ISBN 978-89-
92289-36-8 03320

워렌 버핏도
알려주지 않는
펀드투자
스텝스톤
13

김경식 / 글

MIRAE
BOOK

추천사

펀드투자의 방향과
길을 제시하는
최고의 안내서

손자병법에 의하면 "적을 알고 나를 아는 것이 최고의 병법"이라고 합니다. 펀드투자에서도 마찬가지입니다. 나의 재산 상황과 투자의 목적을 안 다음 투자의 핵심을 파악하고 있으면 투자에 성공하게 되는 것입니다.

서브프라임모기지 사태 이후 발생한 전 세계적인 신용경색이 각국의 발 빠른 재정 확대 정책으로 유동성이 풍부해짐에 따라 그동안 낮은 수익률로 외면받아왔던 펀드투자가 다시 화두로 대두되기 시작하였습니다. 2000년 이후 300조원이 넘는 돈이 펀드에 몰리고 펀드의 대중화 시대를 맞이하였다고 하지만, 아직도 정작 펀드를 제대로 아는 사람은 그리 많지 않습니다. 펀드로 돈을 번다니 무작정 뛰어들었고, 펀드매니저와 금융기관의 PB들이 추천하니 펀드의 성격도 제대로 파악하지 않고 투자하기에

바쁘기만 합니다. 그리고 조그마한 손실이라도 발생하기만 하면 쉽게 좌절하고 흥분하는 초보자들이 부지기수입니다.

본서는 바로 이러한 펀드 투자자들에게 경종을 울리고 새로이 펀드 시장에 발을 들여놓고자 하는 신규 투자가들에게 펀드는 과연 무엇인지, 또한 펀드투자는 어떻게 해야 손실을 최소화하고 수익을 극대화시킬 수 있는지를 누구나 알기 쉽게 전하는 책이라 생각합니다.

특히 본서의 저자는 전문 펀드매니저도 아니고 거액 자산을 관리하는 PB도 아닌 저자 자신이 여러분과 같은 펀드투자가로서 장기간 높은 펀드투자 수익률을 지속적으로 유지하여왔으며, 역으로 펀드매니저, 전국에서 손꼽는 증권사의 애널리스트, 금융기관의 PB들이 시장상황과 투자자들의 동향 등에 대하여 저자에게 물어 오는 그야말로 이론이 아닌 실질적인 펀드 전문가라 할 수 있겠습니다. 그런 그가 펀드의 입문자들을 위하여 펴낸 책이라는 점에서 이 책의 가치가 더욱 높다 할 수 있겠습니다.

펀드에 관심은 많은데, 펀드의 확실한 개념이나 투자방법에 대하여 잘 모르는 초보자들에게 본서의 저자가 던지는 메시지는 확실합니다. 즉 "펀드에 투자해서 돈을 벌려면 먼저 펀드와 투자에 대한 기초부터 착실하게 쌓아라. 그러면 길이 보인다"는 것입니다.

본서는 펀드투자로 재테크에 성공하려는 초보자들에게 올바른 길과 방향을 제시해주고 있습니다. 따라서 독자들은 본서를 옆에 두고 틈틈이 읽고 익힌다면 틀림없이 펀드투자에 성공할 것을 믿어 의심치 않기에 이 책을 감히 추천하는 바입니다.

2011년 3월
SC제일은행 광화문 PB 센터장 | 김성수

미국에서 사모펀드매니저와 미국 은행의 부행장으로 업무를 수행하면서 수많은 투자 관련 전문 책자들을 접해왔던 나로서는 일반 투자가들도 펀드투자에 쉽게 다가갈 수 있도록 책의 내용을 담은 저자의 실전적인 지식과 투자 감각에 새삼 놀라움을 감출 수 없었다.

TERANIC CAPITAL LLC Managing Director | Michael Lim

펀드투자를 위한 기본서로, 펀드를 판매하고자 하는 사람과 펀드에 투자하고자 하는 사람에게 꼭 필요한 책. 펀드투자의 비법을 보통 사람들이 이해하기 쉬운 언어로 명확하게 설명해낸다.

보스턴컨설팅그룹 파트너 | 박상순

"펀드투자의 지식을 망라하고 있는 투자지식 바이블!" 일반인은 물론 사실 자본시장의 전문가들조차 체계적인 금융지식을 갖고 있는 경우가 많지 않다. 사실 어떤 경우에는 기본적인 것이라 남들에게 물어보기도 그렇다.

하지만 최근 금융환경이 급변하고 투자의 패러다임이 크게 변하고 있는 상황에서 어느 때보다도 체계적인 지식이 필요하다.

이 책은 이런 고민거리를 명쾌히 해결해주고 있다. 금융시장의 기본원리 및 개념에서부터 주식, 채권시장, 각종 파생금융상품까지 궁금증을 한 번에 해결해주는 "금융상품 투자의 바이블"이다.

하나은행 명동지점장 | 장현석

머리말

투자 선행 학습의
필독서

선진국 대한민국의 경제를 이끌어가고 있는 우리나라 직장
인들과 사업을 하시는 분들이 쉽게 읽을 수 있는 책을 쓰고 싶었
습니다. 단순히 정보를 나열하는 식으로 책을 쓰지 않겠다고 생
각했지만 대중을 상대로 쓰는 정보에 화두가 될만한 민감한 얘
기를 언급하는 것이 과연 옳은 일인가 라는 질문에 대한 답은 아
직도 물음표입니다.

대한민국에서 재테크라는 화두를 꺼낼 때 빠지지 않고 등장
하는 커다란 두 개의 테마인 금융과 부동산 중에, 금융 펀드를 주
제로 제 인생의 첫장을 시작합니다. 앞으로 재테크의 주제에 대
해 여건이 허락하는 한 글로 표현하려 합니다. 은행의 VVIP고객
분들과 금융에 종사하는 PB분들, 그 분들과 정보를 공유하며 얻
게 된 진실들을 활자로 된 책에 표현하는 데 제한적 요소가 분명
히 존재할거라 보입니다.

진실은 때론 단순합니다. 많은 분들이 성공하기 위해서 어떻
게 해야 하는지 물어옵니다. 아직 성공하지 못한 저에게 물어봐

주시니 황송할 따름입니다. 수천 권의 책을 읽고, 성공한 많은 분들과 자문을 통하고, 그분들에게 투자상담을 해주고 있는 저는, "성공한 분에게 도움을 청하라"는 답변을 드리고 싶습니다.

성공하기 위해서 "성공한 분에게 도움을 청하라"는 말씀의 의미를 정확히 이해하신다면 이 책을 읽으시는 여러분들은 원하시는 것을 얻으실 수 있습니다. 여러분의 주위에서 가장 성공한 분들에게 도움을 요청하시고, 그분들에게 여러분의 진심을 보여주세요.

이 책은 펀드투자를 하기에 앞서 여러분의 필수적인 선행학습에 도움이 되고자 집필하였습니다. 특히 푼돈으로 투자를 시작하는 사람들도 거부가 될 수 있는 길을 제시하려고 노력했습니다. 이 책을 통해 독자들이 펀드투자의 비법을 확실히 터득하여 실패하지 않고 성공하여 자신이 바라는 꿈을 이루기 바랍니다.

2011년 3월 저자 김경식

Contents

13240

펀드투자의
무궁무진한
매력

운용에 따라 높은
수익 창출이 가능하다

펀드란 우리나라 말로 '기금'이라고도 하는데, '특정 목적을 위해서 모은 돈' 또는 '그 돈이 모여 있는 회사'를 말한다. 다시 말하면 특정한 목적을 위해서 여러 사람들로부터 모은 돈의 집합체 또는 뭉칫돈 그 자체를 말한다. 여기서 특정한 목적이란 수익이 첫째 조건이다. 따라서 불우이웃을 돕기 위해서 모은 돈은 투자가 아니기 때문에 여기서 말하는 펀드가 아니다.

우리가 알고 있는 펀드는 여러 사람이 돈을 모은 후 수익이 날 수 있는 곳에 투자하여 원금을 불린 다음, 그 수익금을 다시 투자한 금액만큼 수익이 되돌아가도록 하는 것을 말한다. 보통 증권 투자와 관련된 펀드는 증권투자신탁과 같은 개념으로 계약형 투자신탁과 회사형 투자신탁으로 나눌 수 있다.

그럼 투신사나 증권회사 또는 은행에서 파는 펀드 상품은 무엇을 말할까?

쉽게 말하면 증권사나 투신사 그리고 은행이 주식, 채권 등에 투자하여 돈을 벌어다 줄 목적으로 일반 투자자로부터 모은 돈이다.

펀드는 보통 투자신탁 운용회사나 자산운용사가 기금을 모으고 투자 전문가를 펀드매니저로 고용해 이를 운용하도록 하는 방식으로 운영된다.

펀드매니저는 펀드의 자금을 주식, 채권, 유동자산, 파생상품 등 여러 가지 투자대상에 투자하고 이를 통해 얻은 수익을 투자자에게 모두 되돌려준다. 물론 자산운용회사는 기금으로부터 약 1~3%의 보수를 받는다. 따라서 일반투자자들이 펀드에 가입하는 것은 약간의 수수료를 물고 투자 전문가를 고용하는 것과 같은 이치이다. 이로 인해 비전문가인 일반 투자자들은 직접 주식과 채권에 투자할 때보다 안전하고 효율적인 효과를 볼 수 있다.

펀드는 투자자들이 직접 투자할 때보다 신경 쓸 일이 적으며, 대규모 자금으로 수십 종목의 주식과 채권에 분산투자하므로 투자위험을 줄일 수 있는 장점이 있다.

펀드의 또 하나의 특징은 실적배당 상품이라는 점에서 은행의 예금 상품이나 채권 상품과는 근본적으로 다르다는 것이다. 따라서 확정금리형 상품은 없으며, 원금이 보장되지 않는다. 따라서 예금에 비해서는 좀 더 위험이 큰 상품이며, 운용의 결과에 따라 예금에 비해 높은 수익률을 올릴 수도 있고, 원금을 까먹을 수도 있는 투자수단이다.

따라서 펀드투자를 할 때에는 자신의 투자기간, 투자의 목적, 투자성향, 그리고 목표수익률 등 여러 가지 조건과 환경을 세밀하게 따져봐야 한다.

펀드투자의 이점

펀드의 가장 큰 특징은 '간접투자'상품이라는 것이다. 주식이나 부동산 투자와 같이 자신이 직접 돈을 가지고 스스로 투자대상을 정하고 투자시기와 방법을 정하는 직접투자와는 달리 펀드는 투자대상 및 시기 등을 직접 결정할 필요가 없다.

간접투자는 다른 사람에게 돈을 맡겨 자기를 대신해 투자를 하게 하는 것이다. 여기서 말하는 '다른 사람'이란 물론 전문가인 펀드매니저이다. 이로 인해서 펀드는 여러 가지 이점을 가지고 있다. 그럼 여기서 펀드의 장점을 정리해보자.

첫째, 전문가인 펀드매니저가 펀드를 운용한다. 즉 펀드는 투자의 전문적인 지식을 갖춘 전문가가 운용한다.

펀드매니저라고 불리는 이들은 대학에서 경영학이나 경제학을 전공한 후 자산운용사에 입사한 사람들이다. 이들은 자산운용사에서 애널리스트(분석 전문가)의 경험을 쌓은 후에 자금 운용 부서에 들어가 운용 그룹의 일원으로서 어시스턴트 매니저가 되어 펀드나 포트폴리오 운용을 실제로 습득해간다. 이러한 과정을 성공적으로 마친 후에야 펀드매니저가 될 수 있다.

둘째, 한꺼번에 목돈이 들어가는 펀드도 있지만 10만 원, 20만 원 등 소규모의 돈으로도 투자가 가능하다. 적립식 펀드가 대표적이다. 적립식 펀드는 목돈이 없어도 투자할 수 있고, 한꺼번에 투자하는 다른 펀드에 비해 투자위험이 낮다는 장점도 있다.

셋째, 여러 사람으로부터 돈을 모아 투자하는 펀드는 적은 돈으로도 여러 종목에 분산투자하는 효과를 누릴 수 있다. 이것이 가능한 이유는 펀드투자는 지분투자이기 때문이다.
예를 들어 A라는 펀드에 가입했다면, 펀드매니저는 A펀드의 전체 규모를 가지고 투자하고, 투자자 개개인은 자신의 지분만큼의 수익을 챙긴다. 그래서 매월 20만 원으로 삼성전자, 현대자동차 주식에 투자할 수 있다는 것이다. 이러한 분산투자는 위험을 줄이는 좋은 방법이기도 하다.

넷째, 소액의 수수료로 전문가를 고용할 수 있다. 펀드에 투자한다는 것은 약간의 수수료를 내고 투자 전문가를 고용하는 것과 같은 것이다. 비전문가인 일반투자자들은 투자를 위해 정보를 수집하고, 분석하고, 투자를 결정하기까지 어려움이 따르기 마련이다. 펀드에 투자하면 소액의 수수료를 내고 전문지식과 노하우로 무장한 투자 전문가를 고용, 보다 안전하고 효율적인 투자를 할 수 있다.

마지막으로, 투자자가 객관적인 성적을 볼 수 있다. 펀드는 자산을 운용하는 자산운용회사, 판매를 담당하는 판매회사, 자산을 보관하는 자산보관회사, 사무관리를 하는 사무수탁회사 등으로 나뉘어져 조직적으로 운영된다. 투자자는 마음만 있으면 언제든지 자신의 펀드투자에 대하여 객관적인 성적을 확인할 수 있다.

2010년 성과가 좋았던 국내 주식형 펀드

(단위: %)

펀드 명	연초 이후	3개월
FT포커스 A	43.09	14.38
KB밸류포커스A	39.78	13.12
알리안츠베스트중소형 C/B	34.85	10.75
하이중소형주플러스 1C 1	34.81	8.81
현대현대그룹플러스 1A	34.5	11.65
골드만삭스코리아 1N	33.94	16.37
플러스웰라이프 1A	30.80	8.86
마이트리플스타 A	29.33	18.4
알리안츠기업가치나눔 C/A	28.66	10.55
동양아인슈타인(퀀트) 1A	28.51	10.23

* 2010년 12월 7일 기준

펀드의 여섯 가지 매력

펀드의 매력으로 주로 다음과 같이 여섯 가지를 들 수 있다.

첫째, 무엇보다도 한 종목에 투자하는 데 따른 위험을 줄일 수 있다. 주식펀드의 경우 한 펀드에 보통 30~40개 정도의 종목이 들어 있는데 저마다 주가 오름폭이 달라 한 종목의 주가가 떨어지더라도 다른 종목들이 오르면 손실을 최소화할 수 있다.

둘째, 주가가 급락하거나 급등하는 등 시장상황이 변할 때마다 펀드매니저가 알아서 관리해주기 때문에 펀드에 투자한 개인들은 직접투자처럼 골머리를 앓을 필요가 없다.

셋째, 여기에 은행금리 이상의 수익이 가능하다는 점도 저금리에 목말라하는 투자자들에게 매력적인 요소이다. 은행금리가 연 5~6%인데, 이것마저 이자소득세 빼고 물가상승률 감안하면 실질금리는 마이너스인 시대에 펀드투자는 잘하면 1년에 은행금리 이상의 높은 고수익을 올릴 수 있다. 실제로 국내 한 주식펀드의 경우 3년 동안 150%에 달하는 놀라운 수익을 올렸다. 3년 전에 1억 원을 맡겼다면 지금은 2억 5천만 원이 되는 셈이다.

넷째, 펀드 자체의 분산투자가 가능하다. 주식뿐만 아니라 채권펀드, 혼합펀드, 해외펀드, MMF 등 여러 펀드에 분산해서 투자함으로써 펀드에 투자하는 데 따른 위험을 줄일 수 있다.

다섯째, 적은 금액으로 투자가 가능하다. 10만 원으로 은행 예금처럼 펀드투자를 시작할 수 있고, 돈이 생길 때마다 펀드통장에 돈을 넣을 수도 있다. 물론 이 경우는 돈을 예치하는 게 아니라 투자하는 것이므로, 원금이 일부 깨질 수 있지만, 단기가 아닌 장기로 투자할 경우 원금 손실 가능성은 매우 낮아진다. 미국에서는 부모들이 어린 자녀들의 학자금을 마련하기 위해 어릴 때 어린이 이름으로 펀드통장을 만든 후 수십 년간 은행 예금처럼 펀드에 투자한 사례가 많을 정도로 펀드투자가 보편화돼 있다.

마지막으로, 개인투자자들은 외국인과 국내 기관투자가의 정보 분석력을 따라갈 수 없다. 간혹 소규모 투자그룹을 만들어 공동으로 주식투자에 나서기도 하지만, 필자가 아는 한 투자그룹들은 작전에 휘말리는 경우가 대부분이고, 제대로 된 기업방문이나 분석력을 갖추지 못하고 있다. 펀드투자는 이런 단점을 극복하고 투자 전문가에게 돈을 맡김으로써 좀 더 안전한 돈 관리를 할 수 있다는 점이 매력이다.

푼돈으로도 큰돈 버는 펀드투자

최초에 펀드가 생기게 된 기본적인 아이디어는 은행이나 거액의 자산가만 가능했던 전 세계 다양한 기업체에 대한 투자를 적은 돈으로도 가능하게 하려는 것이었다. 그래서 생각해낸 방법이 수많은 개인투자자들의 돈을 모아서 전문가에게 맡기고, 이렇게 투자한 기업의 경제적인 성공을 통해 소액의 개인 투자자들도 수익을 얻을 수 있도록 한다는 것이었다. 이런 아이디어는 큰 성공을 거두어 이제는 전 세계 거의 모든 개인투자자들에게 재산을 증식하는 최고의 투자수단으로 활용되고 있다.

2010년 최고의 재테크 수단은 단연 '주식형 펀드 투자'였다. 가히 폭발적인 열풍으로 국민 1가구당 1펀드 계좌를 보유하게 만드는 데 공헌했으며, 이 추세로 가면 몇 년 안에 1인당 1펀드 계좌 시대가 열릴 것으로 보고 있다. 주식형 펀드 투자는 알게 모르게 우리나라의 투자 문화를 바꾸고 있는 일등공신인 셈이다.

예전에는 증권회사를 그저 주식투자할 때 주문 내는 곳으로만 알았고 은행은 예금을 하기 위한 기관으로만 인식했던 것이 사실이다. 또한 펀드투자는 일부 돈 많은 부자들이나 하는 것으로 여기는 사람들이 많았다. 하지만 적립식 펀드 투자를 시작하면서 많은 사람들이 펀드에 재미를 붙이게 되었고, 위험을 감수하면 수익도 크다는 것을 직접 체험하게 되었다. 이제는 손실의 가능성이 바로 더 높은 수익에 대한 대가이며, 투자를 하지 않으면 장기적으로 재산을 축적할 수 없다는 것을 서서히 깨닫고 있는 것이다.

특히 2005년 12월부터 시작된 기업연금제도의 확정기여형연금은 적립식 펀드 투자와 함께 장기소액투자의 양대 축으로 자리 잡을 것으로 생각된다.

2004년부터 시작된 우리나라의 간접투자 열풍은 필연적인 투자 시대의 개막을 알린 것으로 판단된다. 간접투자를 통한 장기투자 문화의 확산이 가져올 가장 큰 변화는 바로 투자자의 직접적인 대상이 되는 직접투자 상품과 간접투자 상품 구성의 변화다. 2011년 1월 말 현재 우리나라 간접투자 상품 구성 내용을 전 세계 평균과 비교해보면 확연한 차이를 발견할 수 있다.

바퀴의 두 축과 같이 어느 한쪽이 굴러가면 다른 한쪽도 함께 굴러가게 되어 있다. 즉 주식형 펀드 규모의 증가는 주식시상의 상승을 이끌고 거꾸로 주식시장의 상승은 주식형 펀드로 자금을 유입시키는 역할을 하면서, 장기적으로 우리나라도 펀드투자가 삶의 일부로 자리 잡을 것으로 예상된다.

펀드와 다른 상품과의 비교

펀드투자와 주식투자의 장단점

소액으로 투자를 하려 하고 또한 초보자라면 직접투자보다는 금융상품을 통한 간접투자로 눈을 돌려보는 것이 좋다.

주식투자에 관심을 갖고 있는 사람들은 많다. 하지만 주식투자의 경우 성공한 투자자보다 실패한 투자자가 더 많은 것도 사실이다. 통상 주식투자를 하다 보면 그때 팔 걸 혹은 그때 살 걸 하면서 후회하는 경우가 많은데, 이것을 예측할 수 없는 것이 주식시장이기 때문이다. 더군다나 주식시장이 예측대로 움직인다고 하더라도 투자자의 마음이 시장 분위기에 따라 움직일 수 있기 때문에 주식투자로 돈을 벌기란 참 어렵다.

수익률만 놓고 본다면 주식에 직접 투자하는 것이 수익성이 더 클 수 있으나 투자위험이 크다는 점을 고려할 필요가 있다.

주식형 펀드란 주식 및 주식 관련 파생상품에 신탁재산의 60% 이상을 투자하는 상품으로, 큰 수익을 얻고자 하는 고성장

추구형 상품이라 할 수 있다. 따라서 주식형 투자신탁은 매우 공격적이며 주식시장의 하락에 따라 손실을 입을 위험이 높다. 이 유형의 상품은 다른 상품에 비해 수익률 변동 폭이 커서 위험을 감수하는 공격적인 투자성향을 가진 투자자에게 유리한 상품이다.

인간은 누구나 본질적으로 수익이 적고 확실한 것보다는 다소 불확실하나 이윤이 더 높은 것에 매력을 느낀다. 그렇기 때문에 투기적인 모험을 즐기게 되는 것이다.

특히 주식투자의 경우 높은 수익을 얻을 수 있다는 점이 투자자들에게 큰 매력이 되는 요소이다. 하지만 그 이면에는 엄청난 손실을 입을 수도 있는 위험이 있다는 점을 항상 인식해야 한다.

이제 결론적으로 보았을 때 직접투자와 간접투자 중 어느 쪽이 더 유리할까? 명확한 결론은 없다. 사실 최고 수익률을 가지고 비교한다면 당연히 직접투자가 월등히 유리하다.

그러나 전체적인 평균치로 본다면 간접투자 쪽의 수익률이 더 높다는 것이 조사를 통해 여러 차례 증명되었다. 결국 직접투자에 확신이 없을 경우 간접투자를 선택하는 것이 더 유리하다는 얘기다.

펀드와 은행적금의 비교

최근 은행예금보다도 인기 있는 펀드로는 주가지수연계증권(ELS)을 들 수 있는데, 그 이유는 원금보전이 가능하면서 주가 등락에 따라 더 높은 수익을 기대할 수 있기 때문이다.

안정성 면에서는 은행의 정기예금이 가장 안정적 투자대상이라고 할 수 있다. 그럼에도 불구하고 ELS 펀드가 관심을 끄는 것은 역시 수익률 때문이다.

예금이나 적금 모두 안정성 면에서는 펀드에 투자하는 것보다 월등히 낫지만 수익성 면에서는 그렇지 못하기 때문에 요즘 은행권에서는 적금처럼 매달 일정액을 적립하여 투자위험을 최소화한 비교적 안정된 적립식 펀드들이 많이 판매되고 있다.

적립식 펀드는 은행의 적금과 투자의 장점을 결합한 재테크 상품으로, 투자시기를 골고루 분산하여 투자위험을 낮출 수 있는 이점이 있다.

적립식 펀드에 투자하면 종목 분산, 시간 분산, 장기투자를 통해 시장의 변동성을 축소시키는 장점이 있다. 따라서 안전하게 목돈을 마련하고자 한다면, 적립식 펀드보다는 은행의 세금우대 적금을 이용하는 게 차라리 낫다.

가장 빨리 1억 원을 만드는 방법

그렇다면 1억 원을 만드는 데 저축과 적립식 투자 중 어느 것이 더 빠를까? 저축은 원금 손실이 없는 반면 주식 투자는 원금 손실 위험이 큰 만큼, 아무리 적립식 투자라 해도 저축이 빠를 것으로 생각하기 쉽다. 그러나 아래의 사례를 통해 의외의 결과를 살펴보겠다.

연리 5.5%의 은행 정기적금의 경우 매달 50만 원을 불입하면 1억 원을 만드는 데 걸리는 시간이 143개월, 무려 11년 11개월이 걸린다. 이 기간 동안 부은 원금도 7,150만 원에 달한다. 그러나 펀드에 매달 50만 원씩 적립식으로 투자할 경우 1억 원을 만드는 데 드는 기간은 121개월로 저축보다 22개월이 덜 걸린다. 물론 주식 폭락이라는 위험은 있지만, 투자원금도 6,050만 원으로 저축보다 1천만 원 가량이 적다. 이 같은 결과는 매달 60만 원을 투자할 때도 마찬가지이며, 100만 원을 투자할 때도 은행 정기적금보다 적립식 투자가 훨씬 유리하다는 것을 알 수 있다. 또 현재 은행 적금 금리는 4%대로 위의 예에서 적용한 금리보다 훨씬 낮기 때문에 은행 적금으로 1억 원을 만드는 기간은 더 길어지고 들어가는 원금은 더 많아질 수 있다는 사실을 알아야 한다.

1억 원을 만드는데 걸리는 시간

월 납입액 (만 원)	적립식 펀드 투자신탁 (펀드)			은행 정기적금		
	기간 (개월)	연리	원금	기간 (개월)	연리	원금
50	121	9.62	6,050	143	5.50	7,150
60	106	9.96	6,360	124	5.50	7,440
70	94	10.45	6,580	111	5.50	7,770
80	84	11.64	6,640	99	5.50	7,920
90	78	10.73	7,020	90	5.50	8,100
100	73	10.23	7,300	83	5.50	8,300
200	45	5.56	9,000	45	5.50	9,000

확실한 노후 대비
투자상품

펀드 매력의 또 하나는 펀드가 노후를 대비하기 위한 가장 좋은 투자방법이라는 점이다.

우리나라 평균수명을 조사한 한 연구에 의하면, 질병이나 예측할 수 없는 돌발사고가 나지 않는 한 현재 56세의 남성이 97세까지 살 확률이 25%라고 한다. 이 연구대로라면 20세의 남성이 120세까지도 살 수 있다는 결론이 나온다.

미국의 유명한 과학자 두 사람이 인류의 수명 150세를 걸고 내기를 했다고 한다. 그렇다면 앞으로 20~30년 후에는 수명이 더 길어질 전망이다. 이제 장수와 고령화는 시대적인 화두다. 문제는 이런 상황에서 한쪽에서는 불행이 시작되고, 다른 한쪽에서는 인생 삼모작이 가능하여 얼마든지 행복해질 수 있다는 점이다.

우리 부모의 세대는 60세쯤 은퇴해서 70 중반까지 살았다. 즉 30년 일하고 15년 동안 노후를 보냈기에 돈을 번 시간이 수입이 없는 시간의 두 배가 넘었으므로 은퇴 후에 생활에 문제가 없었다. 그래서 자녀로서 부모에게 10년 동안 용돈 드리는 것이 별로 문제가 되지 않았다.

그러나 우리 세대는 룰이 완전히 바뀌었다. 즉 60세에 은퇴해서 100세까지 살아야 한다. 다시 말해서 30년 벌어서 40년을 먹고 살아야 한다. 국가에서 연금을 주고 있지만 어느 나라에서나 노인 인구가 30%가 넘는 상황에서는 나라에서조차 대책이 없는 것이다.

그러면 어떻게 해야 하나? 서구의 복지정책을 생각하고 있는 독자에게 미안한 말이지만 한마디로 말해서 개인이 알아서 해야 한다. 그런데 우리나라 국민들은 대부분 노후대비를 말하면 부동산이나 주식에 투자하는 것으로 생각한다는 점이 문제이다. 따라서 노후대비 투자는 투자에 대한 근본인식과 룰을 바꿔야 한다. 한 걸음씩 내딛는 거북이식 투자가 노후대비를 위한 투자임을 인식해야 한다.

쉬우면서도 가장 정확한 방법

우리나라 국민들에게 가장 익숙한 방법이 있다. 특히 직장인들에게 통하는 이야기인데, 바로 연금이다.

연금이란 젊었을 때 차곡차곡 모아두었다가 은퇴 후에 일정 금액을 받는 것을 말한다. 이 연금을 주식이나 채권에 연계해보자. 그리고 두려움이 앞서거든 안전한 방법으로 간접투자의 대명사가 된 펀드에 투자해보자.

그리고 안전성이 보장된 적립식 펀드에 투자하자. 적립식 펀드는 증시 하락 후 상승기에 더욱 빛을 내는 상품이다. 즉 하락하는 장시에도 불구하고 인내심을 가지고 꾸준히 투자했다면 상승기에는 그만큼 고스란히 수익을 올릴 수 있는 상품이다. 따라서 연금을 적립식 펀드에 투자하는 것은 노후를 걱정해야 하는 사람들에게는 그만큼 매력적인 상품이다. 점차 늙어가는 한국 사회에서 노후를 대비하는 가장 확실한 방법은 연금과 펀드의 만남이다.

02

펀드투자의
성공원칙과
범하기
쉬운 실수

이 원칙만 지켜도 망하지 않는다

첫째, 자기의 투자성향을 파악하자

펀드는 실적배당형 금융상품으로 운용 결과에 따라 원금을 잃을 수도 있다. 따라서 무엇보다도 먼저 자신의 투자성향을 파악해 주식투자 비중이 많은 펀드에 투자할지, 채권 비중이 높은 펀드에 투자할지 등을 정해야 한다.

둘째, 재무목표를 가장 먼저 세우자

투자의 목표가 결혼자금, 자녀 학자금, 주택 마련 자금, 은퇴자금 중 어느 것인지 구체적인 재무목표를 세워야 투자기간과 금액을 정할 수 있다. 따라서 자신의 현재와 미래의 재무사항을 정확히 파악해 달성 가능한 재무목표를 설정하자.

셋째, 과거 수익률은 미래의 수익률을 보장하지 않는다

아무리 좋은 펀드도 현재까지의 수익률은 미래의 수익률이 아니다. 그러므로 현재까지의 수익률은 참고 자료로만 활용해야 한다. 과거의 화려했던 또는 초라한 운용성과에 집착하지 말자.

넷째, 어떤 펀드 운용사를 택할까?

내 돈을 책임지고 굴리는 펀드 운용사가 어떻게 돌아가고 있는지도 점검해야 한다. 일정 규모 이상의 펀드를 오래 운용하는 회사, 주요 임직원의 이동이 잦지 않은 회사, 계열사의 영향에서 독립적으로 펀드를 운용할 수 있는 회사, 펀드 운용 실적이 상위에 속하는 회사 등이 바람직하다.

다섯째, 펀드 가입 시기를 고려하자

적립식 투자를 하고 싶다면 주가 하락기에 펀드에 가입하는 것도 고려할 필요가 있다. 반면 목돈을 한 번에 투자하는 거치식 투자를 하고 싶다면 가입 시점을 고민해야 한다. 이때는 전문가와 반드시 상담을 하도록 하자.

여섯째, 수수료를 아끼는 방법도 제대로 알라

정기예금을 들 때는 0.1%라도 금리를 더 받으려고 하지만 펀드 수수료는 얼마나 되는지 따지지 않는 경우가 많다. 주가가 오른다면 1~2% 차는 별것이 아니라고 생각하기 때문이다. 하지만 1%의 차이는 크다. 연 10% 수익률에 1억 원을 투자했을 경우 10년이 지나면 2억 5,937만 원이 되지만 연 9%라면 2억 3,674만 원이 된다. 수익차가 2,263만 원이나 난다. 장기 투자하는 경우엔 처음 가입할 때 수수료가 많더라도 매년 내는 수수료가 적은 펀드를 선택하는 게 좋다. 인터넷 전용 펀드에 가입하는 경우에도 수수료를 줄일 수 있다.

일곱째, '신상품' 좋아하다 큰 코 다친다

핀드투자에 있어 '신상', 즉 신상품을 너무 좋아하면 오히려 해가 될 수 있다. 판매사 직원이 투자 프로세스나 투자원칙에 대해 생소한 신상품을 권유한다면 일단 보류하는 것이 좋다. 가급적 자신이 잘 안다고 생각하는 펀드에 투자하도록 하자.

정답은 없겠지만 펀드투자에 대한 일반적인 기준을 근거로 하여 투자자들이 가장 많이 저지르는 실수를 살펴보고자 한다. 이 실수들을 거꾸로 해석하면 펀드의 정석 투자가 무엇인지도 알 수 있을 것이다.

❶ 현재 수익률이 높은 펀드만을 고집한다.

자신의 투자성향이나 나이 혹은 투자 여건은 무시하고 무조건 펀드 평가사의 홈페이지에 기록된 펀드 가운데 현재 수익률이 가장 좋은 펀드에만 투자하려는 것.

❷ 수익률이 조금만 저조해도 펀드를 교체하려고 한다.

주식시장의 시황이나 벤치마크 수익률을 전혀 고려하지 않은 채 지금 당장 자신의 펀드가 수익률이 저조하다고 현재 시점에서 수익률 좋은 펀드로 교체하려는 것.

❸ 현재 투자하고 있는 펀드의 유형도 모른다.

펀드에 투자를 하고 있으나 투자된 펀드가 심지어 주식형인지 채권형인
지도 모른 채 마냥 서랍에 놓아두는 것.

❹ 단기 시황에 연연한다.

장기적인 투자 마인드를 지녀야 하는데 당장 1주일 혹은 한 달의 시황
에 의해 투자 자체를 재검토하려는 것.

❺ 과거 실패에 연연한다.

인내와 고통 없이는 열매를 얻지 못한다는 것을 잘 알면서도 한 번의 투
자 실패나 손실에 집착하여 위험을 부담하는 투자 자체를 꺼리는 것.

❻ 펀드의 성과에 무관심하다.

펀드에 투자한 후 몇 개월이 지났으나 현재 자신의 수익률이 얼마나
되는지 혹은 펀드의 지난 성과가 어떻게 되는지 모르는 것.

❼ 펀드의 수익률과 자신의 투자수익률을 혼동한다.

경제 신문에 A펀드의 수익률이 몇 퍼센트로 나와 있을 때, 자신도 A펀
드에 투자했는데 왜 수익률은 이것밖에 되지 않느냐며 의아해하는 것.

❽ 분산투자하지 않는다.

주식시장이 좋다니까 혹은 남들이 주식형 펀드에 투자해서 돈을 벌었다
고 하니까 가진 돈을 몽땅 한 펀드에만 투자하는 것.

❾ 펀드의 특성을 이해하지 못한다.

자신이 투자한 펀드가 성장형 펀드인지 가치형 펀드인지 혹은 중소형 펀드인지도 모르고 투자하는 것.

❿ 이제까지 늘 해오던 대로 투자하려고 한다.

경기도 사이클이 있고 주식시장이나 금리도 변하고 있는데, 제반 경제 여건은 무시한 채 기존에 투자했던 관행을 그대로 유지하는 것.

⓫ 너무 높은 수익률을 기대한다.

봄날이 항상 계속되고 늘 꽃이 필 것으로 생각하듯 작년에 수익이 좋았다고 올해도 좋을 것이라 생각하여 무작정 기대하고 있는 것.

⓬ 처음 투자할 때의 목표를 쉽게 바꾸려 한다.

본인의 투자성향이나 기대수익률에 맞추어 분산투자한 펀드를 어느 한 펀드의 수익률이 좋다고 바꾸려 하거나 계속 목표수익률을 올리는 것.

⓭ 포트폴리오 재조정에 익숙하지 않다.

한번 펀드에 투자하면 6개월이 지나도 1년이 지나도 2년이 지나도 특별히 자금이 필요하게 되지 않는 한 그대로 유지하고 재조정하지 않으려고 하는 것.

03

펀드
투자를 위한
지식 쌓기

펀드의 종류는 복잡해도
뿌리는 같다

현재 국내 펀드의 종류는 대략 1만 개에 달한다. 하루가 멀다 하고 다양한 자산에 투자하는 펀드들이 등장해 투자자를 유혹한다.

그런데 이렇게 많은 펀드도 잘 살펴보면 한 뿌리에서 태어난 자식들이란 걸 알 수 있다. 모양만 다를 뿐 속은 같다. 따라서 펀드의 이름이 다르다고 해서 복잡하게 생각할 필요는 없다. 무엇보다도 그 뿌리를 아는 것이 중요하다.

펀드의 종류를 확실하게 이해하기 위해서 먼저 하나의 펀드가 탄생하기까지 과정을 알 필요가 있다. 자산운용사에는 펀드를 운용하는 펀드매니저 외에 투자할 주식이나 채권을 분석하는 애널리스트, 시장의 전반적인 움직임을 조사하는 경제 분석가, 투자의 위험을 관리하는 위험관리자, 펀드 상품을 설계하는 상품 전문가 등이 있다.

대부분의 자산운용사는 매월 또는 분기마다 주식 및 채권의 최고책임자와 각 팀장들이 참여하는 투자 전략회의를 여는데, 이 회의에서 각 펀드의 기준이 되는 주식 및 채권 편입 비율과 실제 펀드 운용의 모델이 되는 모델 포트폴리오를 결정한다. 이 모델 포트폴리오를 기준으로 펀드 종목을 선택하게 되는 것이다.

투자대상에 따른 분류

먼저 펀드는 투자대상, 즉 투자자산에 따라 증권펀드, MMF, 파생상품 펀드, 부동산 펀드, 실물 펀드, 특별자산 펀드, 재간접 펀드 등으로 분류할 수 있다.

우리가 은행이나 증권사 등 판매사에서 가장 많이 접하는 펀드는 주식형 펀드, 혼합형 펀드, 채권형 펀드로 이들의 분류기준은 주식 편입 비율이다. 즉 주식에 60% 이상 편입되면 주식형 펀드, 채권에 60% 이상 투자하면 채권형 펀드다.

특별자산펀드 중 가장 접하기 쉬운 ELS펀드란 특정 주식의 가격이나 주가지수의 변동에 연동해 투자수익이 결정되는 유가증권인 ELS에 주로 투자하는 펀드를 말한다. ELS펀드는 대개 펀드 재산 대부분을 ELS에 투자하고, 나머지 펀드 재산은 예금 등 유동성 자산에 운용한다.

계약형 펀드와 회사형 펀드

펀드는 또 계약형 투자신탁과 회사형 투자신탁으로 구분된다. 계약형 펀드란 자산운용회사와 투자자가 신탁계약을 맺어 펀드를 만드는 형태이고, 회사형 펀드는 자산운용회사와 투자자가 주주로 참여하는 형태이다.

회사형 펀드는 일반적으로 '뮤추얼펀드'라고 부른다. 회사형 펀드는 상법상 주식회사이므로 주주의 자격으로 펀드 운영에 참여할 수 있으며 감독이사와 감사를 선임해 이사회를 중심으로 펀드 운용을 감시할 수 있다.

법적형태에 의한 펀드의 분류

구분	계약형 펀드 (투자신탁)	회사형 펀드 (투자회사)
설립근거법	간접투자자산운용업법	간접투자자산운용업법
투자가의 지위	수익자	주주
발행증권	수익증권	주식
자산운용기관	자산운용회사	자산운용회사
판매기관	은행, 증권사, 보험, 직접 판매	은행, 증권사, 보험, 직접 판매

추가형 펀드와 단위형 펀드

또한 모든 펀드는 투자자의 추가 투자 여부에 따라 추가형과 단위형으로 구분할 수 있다.

먼저 단위형 펀드란 이미 설정된 펀드에 투자자들의 투자자금을 추가로 받아들일 수 없는 펀드이다. 단위형 펀드는 투자자금을 추가로 받지 않기 때문에 펀드 설정 초기에 모집된 자금만으로 계속해 펀드 만기까지 운용해야 하는 특성을 가지고 있다. 단위형 펀드는 특정한 기간 동안 운용되고 난 후 달성된 성과를 분배하면서 해산한다. 따라서 정해진 기간 내에 상당한 수익률을 올려야 하는 부담을 가지고 있다.

반면 추가형 펀드란 최초로 펀드를 설정한 이후 투자자의 수요에 따라 펀드의 투자자금을 계속해 추가적으로 모집할 수 있는 펀드이므로 신탁기간이 대부분 무기한이다. 일반적으로 펀드는 추가형으로 운용됨으로써 계속해 투자자들이 가입하도록 할 수 있는 것이 바람직하다.

개방형 펀드와 폐쇄형 펀드

모든 펀드는 약관상 환매 가능 여부에 따라 언제든지 환매가 가능한 개방형 펀드와 일정 기간 또는 전 기간 환매가 제한되는 폐쇄형 펀드로 구분된다.

개방형 펀드는 지나치게 단기간 내에 환매하는 경우 벌금 성격으로 환매수수료를 부과하고 있다. 환매수수료는 환매자금을 마련하기 위해 지나치게 많은 증권을 매각해야 하거나 거래비용을 발생시키는 경우 펀드에 남아 있는 투자자들에게 돌아가는 피해를 보전하기 위해 만들어진 제도다.

폐쇄형 펀드란 신탁기간 중에 투자자금에 대해 환매를 청구할 수 없는 펀드로 환금성이 제약되는 펀드를 말한다. 이렇게 환매를 제한하는 이유는 매우 특수한 목적을 달성하기 위해서이다. 투자위험이 높고 유동성이 적은 자산이나 특수한 지역의 자산에 투자하는 경우 중도환매는 치명적인 운용상 위험을 초래하기 때문이다.

투자자 모집 형태에 의한 분류

　　　　　펀드는 투자자를 모집하는 형태에 따라 분류하면 공모펀드와 사모펀드이다. 사모펀드란 법률에 의해 최대한 수(49명 기준) 이내의 투자자만을 대상으로 만들어진 펀드를 의미한다. 간접투자자산운용법에 의하여 사모펀드는 한 종목당 투자 제한 등 각종 제약사항을 완화해주고 있다.

　펀드 설정 지역에 따라 국내 펀드와 해외 펀드로 분류할 수 있다. 국내 펀드는 국내에서 설정된 펀드로서 국내외의 주식, 채권, 부동산 등의 투자자산에 투자하는 펀드를 의미한다.

　해외 펀드는 해외에서 설정된 펀드로서 해외 또는 국내의 주식, 채권, 부동산 등의 투자자산에 투자하는 펀드를 일컫는다.

펀드에도 등급이 있다

국내에서 판매되고 있는 펀드에 대한 정보를 가장 객관적으로 살펴볼 수 있는 곳이 펀드평가사이다. 국내에서 활동하고 있는 펀드평가사는 제로인과 한국펀드평가 등 2개 회사다. 외국계 회사로는 모닝스타코리아가 유일하다.

이들 펀드평가사들은 대체로 투자자들에게 유익한 정보를 제공하지만 평가사별로 유형을 분류하는 용어와 기준이 다르기 때문에 투자자들이 펀드를 평가할 때 혼란스러워할 때가 있다.

펀드 등급을 매길 때 제로인은 태극 마크를, 한국펀드평가와 모닝스타코리아는 스타(별) 마크를 사용한다. 이는 자사의 고유 평가등급 브랜드라고 볼 수 있다.

이처럼 펀드평가사들이 동일한 용어와 기준을 마련하지 않는 이유는 세계적으로 유명한 펀드평가회사인 모닝스타, 리퍼, S&P 펀드서비스 등의 회사들도 자사의 연구에 의해 가장 적절하다고 판단되는 평가방법을 마련하고 있기 때문이다. 예를 들어서 신용평가기관인 S&P, 무디스(Moody's), 피치(Fitch) 등도 자사의 평가 철학에 따라 마련한 기준으로 펀드를 평가하고 있다.

국내 펀드평가사들도 외국 회사와 같은 맥락에서 이해하면 된다. 몇 가지 동일한 점이 있다면 등급을 부여하는 기준이다. 평가사 모두 주식형은 100억 원 이상, 채권형은 200억 원 이상으로 설정된 지 1년 이상 경과된 펀드에 한해 등급을 부여하고 있다.

다만 평가사별로 랭킹을 부여하는 평가모형은 조금씩 차이가 있다. 한국펀드평가의 경우 RRAR(상대위험조정 후 수익률)을 이용해 1년 등급은 평가 기준일로부터 52주간 수익률, 3년 등급은 36개월간 수익률, 5년 등급은 60개월간 수익률을 각각 사용해 평가등급을 산출한다. 등급은 월 1회 산출해 웹사이트에 게재하고 있다.

펀드평가회사별 펀드유형 기준

구분	한국펀드평가	제로인	모닝스타코리아
분류체계	· 대중소 단계별 · 복수유형	대중소 구분	2단계 구분
분류방법	협회분류코드+ 실제자산 편입 비중	협회분류코드+ 실제 자산 편입 비중	협회분류코드+ 실제 자산 편입 비중
주식형 주요유형	· 주식펀드 　-주식인덱스 　- 주식액티브 · 혼합펀드 　- 주식혼합 　- 채권혼합	· 성장형 · 안정성장형 · 안정형	· 주식형 · 혼합형 　-주식고 　-주식중 　-주식저
채권형 주요유형	채권단중기/장기	채권단기/중기/장기 국공채/공사채	채권형
MMF 유형	법인/개인MMF	MMF	

투자할 때 체크해야 할 사항

초보자가 주의 깊게 살펴보아야 할 것은 언론이나 판매사를 통해 공시되는 펀드 수익률이나 기타 정보들의 출처이다. 평가사별로 등급기준이 다르기 때문에 '월간 수익률 상위 TOP 10 펀드'에 대한 정보가 다르게 나타날 수 있다. 따라서 어느 평가사가 제공한 정보인지를 확인해보고 해당 평가사의 사이트를 방문해 개별 펀드에 대한 분석 정보를 꼼꼼히 살펴보는 것이 좋다. 또 다른 평가사에서는 해당 펀드를 어떻게 평가했는지도 비교 분석하면 더 좋은 투자정보를 얻을 수 있다.

한국펀드평가의 스타등급 부여 기준

스타등급	% RANK	누적% RANK	평가기준항목
★★★★★★	10.0%	10.0%	RRAR (상대위험조정 후 수익률)
★★★★	22.5%	32.5%	
★★★	35.0%	67.5%	
★★	22.5%	90.0%	
★	10.0%	100.0%	

1년(52주, 주간 수익률 분석)간 평가에 따른 등급
3년(36개월, 월간 수익률 분석)간 평가에 따른 등급
5년(60개월, 월간 수익률 분석)간 평가에 따른 등급

Tip 백분율 순위(Percentile Rank)란?

백분율 순위는 모집단의 크기를 고려할 필요 없이 특정 펀드의 상대적 순위를 한눈에 알 수 있도록 고안된 지표이다. 예를 들어 백분율 순위가 5등급에 '10'이라면 상위 10% 이내라는 뜻이다.

당신이 기대하고 있는 수익률은?

"**당신은** 몇 퍼센트의 기대수익률을 원하십니까?"

애널리스트나 증권사 창구 직원들이 흔히 투자를 시작할 때 또는 투자가 어느 정도 진행되고 있을 때 묻는 질문이다. 이때 대부분의 투자자들은 대충 얼마 정도면 해지한다는 식으로 얘기한다. 구체적으로 몇 퍼센트가 상승하면 해지한다는 투자자는 극히 드물다. 여기서부터 기대수익률의 함정에 빠지게 된다. 구체적인 목표수익률이 없기 때문에 시장의 급등락에 따라 일희일비하게 된다.

그렇다면 투자자들이 기대수익률의 함정에 빠지지 않기 위해서는 어떻게 해야 할까?

한국의 모 회사 입사동기인 갑, 을, 병 세 사람은 1,000만 원의 투자자금을 가지고 각기 다른 포트폴리오로 투자를 시작했다고 하자. 이들은 투자 시점으로부터 5년 후 총 평가액이 가장 높은 사람에게 금 2돈을 상금으로 주기로 했다. 세 사람은 자신만의 제테크 상식을 동원해 포트폴리오를 작성했다. 갑은 원금을 지킬 수 있도록 채권투자 비중을 80%로 높여 안정적인 포트폴리오로 투자한 반면 병은 주식펀드의 투자 비중을 70%로 하는 적극적인 투자를 하기로 했다. 을은 주식과 채권투자 비중을 45%씩 하는 중립적인 투자 방침을 세웠다.

5년 후 투자성과를 평가한 결과 시장수익률이 플러스일 경우를 가정, 적극투자형인 병이 금 2돈을 받게 되었다. 병의 가중평균수익률(각 투자자산의 수익률을 투자비중에 따라 곱하여 합산한 값)은 5.9%로 가장 높았고, 중립투자형인 을은 5.4%, 안정투자형인 갑은 4.6%의 수익률을 올렸다. 세 사람이 각기 다른 포트폴리오로 투자를 했지만 원금을 까먹을 사람은 한 명도 나오지 않았다.

반대로 시장수익률이 마이너스일 경우를 가정해보자. 투자자산별 투자비중이 같은 경우 을과 병은 마이너스 수익률을 기록한 반면 채권투자 비중이 높은 갑이 선전한 것으로 평가된다. 시장 여건이 좋을 때는 적극투자형 포트폴리오나 안정투자형 포트폴리오의 수익률 차이가 거의 없지만 시장수익률이 하락할 때는 주식투자 비중이 높은 투자자의 손해가 그다는 것을 알 수 있다.

그렇다면 시장수익률 악화에 대비하기 위한 포트폴리오를 구성하는 방법은 기대수익률 자체보다는 기대수익률이 실제로 실현되지 않을 위험에 대해 고려하는 것이다. 이를 위해 수익률 달성도를 점검할 수 있도록 성과평가의 주기를 정해 수익률 악화가 예상되는 투자자산에 대한 포트폴리오를 재조정해야 한다.

투자할 때 체크해야 할 사항

　　　　　만약 투자기간이 5년이라면 투자 후 2년 6개월이 되는 시점에 성과평가를 통해 포트폴리오를 재조정한다. 성과평가 주기는 투자자가 직접 정한다.

하지만 성과평가 결과 재조정을 할 필요가 없다면 굳이 다른 투자자산으로 갈아탈 필요가 없다. 특히 다른 자산으로 옮기더라도 수익률 회복의 여지가 남아 있다면 부분 환매를 통해 해지를 자제하도록 하는 것이 바람직하다.

이 같은 과정을 통해 위험을 관리하고 기대하고 있는 수익률의 목표를 수정하면 당초 설정한 기대수익률에 근접한 결과를 얻을 수 있다.

자녀에게 펀드로
상속하려면?

흔히 상속재산이라고 하면 부모 명의로 소유하고 있던 거주 주택, 땅 등 부동산을 가장 많이 떠올리게 된다. 하지만 부모 명의의 예금, 보험금, 퇴직금 등도 상속재산으로 간주되고 상속인은 이에 해당하는 상속세도 물어야 한다. 그렇다면 펀드와 같은 신탁재산도 상속재산이 될 수 있을까? 물론 상속재산에 포함된다. 따라서 현명한 부모라면 자녀가 어렸을 때부터 자녀 명의로 주식펀드에 가입하는 사전증여를 선택하는 것이 바람직하다. 장기간 주식펀드에 투자하면 물가상승 위험으로부터 자유로워질 수 있으며 적지 않은 목돈을 아이들에게 안겨줄 수 있기 때문이다.

합법적인 증여세 면제 한도인 1,500만 원을 자녀 명의 통장으로 증여하고 이 자금으로 자녀 명의로 된 주식펀드에 투자했다고 가정해보자.

연평균 기대수익률을 9%로 가정했을 경우 1,500만 원을 8년간 거치식으로 투자한다면 1억 8,032만 원으로 불어난다. 투자기간이 20년이라면 복리효과에 8억 3,647만 원이 된다. 만약 같은 기간 20년의 투자기간 운용수익률이 좋아 12%의 수익률을 올렸다면 12억 1,048만 원으로 껑충 뛰어오르게 된다. 이만한 금액이면 자녀의 대학등록금이나 유학자금을 충분히 감당할 수 있는 수준이 된다.

투자기간 · 기대수익률에 따른 평가금액 변동 추이 (자금 1,500만 원 투자)

(단위: 만 원)

기대수익률(%) / 투자기간(년)	7	8	9	10	11	12
1	1,620	1,620	1,635	1,650	1,665	1,680
4	7,126	7,300	7,477	7,658	7,842	8,029
7	13,890	14,455	15,043	15,654	16,289	16,950
8	16,467	17,231	18,043	18,869	19,746	20,663
12	28,711	30,743	32,930	35,284	37,817	40,544
16	44,760	49,125	53,961	59,317	65,251	71,826
20	65,798	47,134	83,647	94,504	106,898	121,048
24	93,374	108,159	125,551	146,021	170,120	198,501
28	129,520	154,449	184,703	221,446	266,096	320,374
30	151,160	183,519	222,863	271,415	331,370	405,439

거치식이 아닌 적립식 투자상품으로도 자녀에게 상속 · 증여는 얼마든지 가능하다. 주가가 아무리 출렁거린다고 해도 지금까지의 통계를 보면 적립식 펀드는 연 8% 정도의 수익률을 보이는 만큼 5년, 10년 이상 꾸준히 투자하면 은행이나 보험 상품보다 높은 수익이 가능하다.

자녀 명의로 적립식 펀드에 가입하고 3개월마다 증여세 신고를 하면 매매차익에 대해서는 증여세를 물지 않아도 된다. 연 4

회 증여세 신고를 해야 하는 불편함이 싫다면 1년치를 한꺼번에 자녀 명의의 통장에 넣어두고 증여세 신고를 하면 된다. 그런 후 펀드통장으로 자동이체를 시켜놓으면 불편함 없이, 세금 없이 장기간 투자가 가능하다.

증여했을 때 세금을 내지 않을 경우

증여에서 신고를 깜박 잊고 누락했다고 하더라도 환매자금을 부모가 직접 사용한 경우, 매월 소액의 금액을 자녀 명의의 펀드 불입 후 수년 뒤 자녀가 펀드를 환매해 본인 교육비 또는 결혼자금 등 경제적 능력 범위 내에서 사용한 경우, 경제적 활동을 하는 자녀의 명의로 펀드에 가입하고 현금으로 자녀의 펀드 계좌에 입금되는 경우 등에 한해서는 증여세가 과세되지 않는다. 다만 국세청과의 증여세 분쟁을 예방하기 위해서는 미리미리 증여세 신고를 하는 것이 좋다

펀드도 담보대출이 가능하다

수익률이 좋을 때는 모르겠지만 기대 이하의 수익률을 올리는 펀드에 목돈을 넣어둔 투자자들은 속이 타기 마련이다. 특히 주택 마련 등 목돈이 필요한 시점에 지수가 급락하면 투자자들의 불안 심리는 극에 달하게 된다. 이럴 때는 펀드를 담보로 대출을 받는 것이 바람직하다.

그러면 펀드를 담보로 대출했을 때 대출금액과 비율을 알아보자.

증권사는 고객 신용등급이나 대출금액·기간별로 차등 금리를 적용하는데 연 7~9% 정도 된다. 담보로 할 펀드가 주식형인지 채권형인지에 따라 담보인정비율도 다르다.

주식형 펀드의 경우 평가금액(원금+수익)의 50~60%까지 대출이 가능하며 채권형은 70~80% 수준이다. 담보유지비율은 주식형 펀드의 경우 110~130%, 채권형 펀드는 140~150% 정도이다.

예를 들어 펀드의 평가금액이 1억 원이고 주식형 펀드의 담보인정비율이 50%, 담보유지비율이 135%라고 가정하면 최고 5,000만 원까지 대출이 가능하며 평가금액이 대출금의 135%인

6,750만 원 이하로 떨어지면 추가 담보를 설정하거나 부분 환매된다는 점을 알아두어야 한다. 회사별 대출 금리와 대출 가능 금액 등은 차이가 있으므로 해당 판매사에 구체적인 조건을 문의하는 것이 좋다.

대출 시 유의할 점

수익증권 담보대출을 받고자 하는 투자자는 대출 약정이 맺어져 있을 경우 영업점포에 전화 또는 방문해 신청할 수 있으며 판매사 홈페이지를 통해서도 가능하다. 대출 약정은 영업점포를 직접 방문해 약정서를 작성하거나 판매사 홈페이지를 통해 약정을 맺는다.

대출을 많이 받을 수 있다고 해서 자신이 감당할 수 없을 정도의 무리한 대출은 받아서는 안 된다. 어떤 대출이라도 언젠가는 갚아야 하는 대출금이므로 자금 상환 계획을 꼼꼼히 점검한 후 대출을 받도록 해야 한다.

수익을 월급처럼 주는
펀드도 있을까?

목돈을 펀드에 맡겨놓고 운용수익을 매월 정기적으로 받을 수 있는 펀드는 없을까? 이를 '정기분배형 펀드'라고 하는데, 이 펀드는 사전에 정해진 목표 분배율에 따라 투자자에게 매달 분배금을 지급하는 상품이다.

일반 펀드들은 보통 1년에 한 번 결산을 통해 발생한 이익을 펀드에 재투자하지만 이 펀드는 이익을 매달 투자자에게 나눠주는 일종의 역모기지형 펀드다. 이익금이 없는 경우에는 이익초과분배금의 방식으로 투자자의 원금에서 지급된다.

우리보다 앞서 고령화를 경험한 일본에서는 이미 공모 펀드 시장에서 매월 분배형 펀드가 대략 40%를 차지할 정도로 인기가 높다. 국내에서는 2007년 1월부터 아이투신과 칸서스자산운용에서 각각 '아이러브 평생직장채권(채권펀드)'과 '칸서스 뫼비우스 블루칩 주식투자신탁(주식펀드)'을 판매하고 있다. '아이러브 평생직장채권'은 매월 16일 분배금을 지급하며 분배금은 콜금리에 0.25%를 더해 보유 좌수를 곱한 뒤 이를 12개월로 나눈 금액이 된다. 1억 원을 투자하면 매월 세전 39만 5,833원, 세후 33만

4,874원을 받게 되는 셈이다.

'칸서스 뫼비우스 블루칩 주식투자신탁'은 투자원금의 연 8.4%를 매월 지급(월 0.7%)하며 매월 분배금으로 적립식으로 펀드에 재투자할 수도 있다.

정기적으로 지급하는 우리나라의 상품

신한금융투자는 지난 12월 15일 '월 지급형 펀드팩 서비스'를 선보였다. 이 서비스는 신한금융투자가 선정한 펀드 17개 가운데 고객이 1~5개를 골라 거치식으로 투자하고 수익의 일부를 정기적으로 지급한다. 최소 가입 금액은 5,000만 원이고 가입 다음 달부터 지급 가능하다. 지급률은 연 4~10%, 지급 기간은 12~60개월, 지급 주기는 1·3·6·12개월에서 선택할 수 있다. 단, 이 서비스를 받으려면 신한금융투자 지점에서 월 지급식 전용계좌를 따로 개설해야 한다.

이 서비스를 처음 내놓은 곳은 한국투자증권이다. 8월부터 시행한 '월 지급식 펀드 플랜 서비스'는 6개 펀드에 맞춤형으로 투자해 고객이 원하는 금액을 원하는 날에 정기적으로 지급한다. 지급률 한도는 월 지급식 0.7%, 분기 지급식 2.1%, 반기 지급식 4.2%, 연 지급식 8.4%다. 역시 투자한 다음 달부터 지급 가능하고 최소 가입 금액은 100만 원이다. 본인 명의로 당사·타사 계좌, 타인 명의 당사 계좌로 가입할 수 있다.

삼성증권은 은퇴 상품에 월 지급 방식을 접목했다. '삼성 POP 골든에그'는 고객이 투자한 목돈을 다양한 만기의 국공채에 투자해 만기까지 매월 일정한 이자를 지급한다. 만기에는 남은 투자금을 돌려받을 수 있다. 이자율은 시중은행의 예금상품보다 높다. 또 국공채는 은행 예금과 과세 방식이 달라 고액 자산가에게 유리하다. 도중에 부분 환매해도 수수료는 없다. 채권 가격이 오르면 중도 매매로 월 이자수익 외에 추가 수익을 얻을 수 있다는 게 장점이다.

비슷한 형태의 랩 상품도 있다. 우리투자증권의 '다달이 보너스 랩'에 가입해 목돈을 맡기면 다음 달부터 매월 기대수익의 일부를 지급받고 만기에 남은 투자금을 회수할 수 있다. 5년 만기의 연 지급률은 1년차 연 6.5%, 2년차 연 7.0%, 3년차 연 8.0%, 4년차 연 9.0%, 5년차는 연 9.5%다. 만기 전에 투자목표금액을 채우면 조기 해지할 수 있다. 최소 가입금액은 5,000만 원이다.

월 지급식 상품의 장점은 무엇보다 고정적으로 현금 수익이 난다는 것이다. 정기적으로 지급되는 돈을 다른 금융상품에 재투자할 수도 있다. 다만 '월급'을 주는 사람이 누구인지 꼭 기억해야 한다. 처음 맡긴 밑천이 다 떨어지면 만기에 찾을 원금도 없다. 증권사마다 원금을 지키기 위한 투자전략이 있지만 누구도 원금을 100% 보장해주지는 않는다. 펀드를 고를 때 변동성을 최소화하고 안정성을 추구해야 하는 이유다. 또 지출 일정을 먼저 생각해 지급률과 지급 주기를 선택하는 것이 바람직하다.

투자할 때 체크해야 할 사항

매월 분배형 펀드는 펀드 운용에 따른 이익금이 없으면 원금에서 지급하게 되므로 원금이 줄어들 가능성이 있다는 점에 주의해야 한다. 즉 채권형 펀드는 콜금리가 낮아질 경우 월 분배금이 줄어들게 되며 변동성이 큰 주식형 펀드는 운용수익률이 나빠질 경우 분배금 지급 여력이 약화될 가능성이 있다. 보유자산이 부도 또는 매각곤란의 사유가 발생할 경우에는 분배금 지급이 중단될 수도 있다. 따라서 정기분배형 펀드에 가입을 고려한다면 해당 운용사에 직접 문의를 통해 상품에 대한 자세한 설명을 듣는 것이 바람직하다.

월 지급식 상품과 서비스

회사	상품명	내용
신한금융투자	월 지급형 펀드팩 서비스	거치식 투자 후 정기적으로 정해진 금액 지급
한국투자증권	월 지급식 펀드 플랜 서비스	거치식 투자 후 정기적으로 정해진 금액 지급
삼성증권	삼성POP골드에그	투자금을 국공채에 투자해 매월 일정한 이자 지급
우리투자증권	다달이 보너스 랩	매월 기대수익의 일부를 지급

펀드투자 설명서 제대로 보기

필자가 만나본 많은 고객들 중에는 자신이 투자한 펀드의 정확한 명칭을 모르는 분들도 종종 있다. 특히 은행을 통해 펀드에 투자한 고객들이 그러한데, 뼈 빠지게 일해서 소중히 모은 돈을 투자하면서 펀드의 정확한 운용 방향이나 내용도 모른다면 어떻게 투자에 성공하기를 바라겠는가?

전자제품이나 기능이 복잡한 물건을 구입한 후 정확한 기능을 익히기 위해 제품 설명서를 꼼꼼히 읽어보고, 또 별도로 보관하고 있다가 필요할 때 다시 찾아보듯이 펀드투자도 마찬가지다. 투자한 펀드에 관한 중요한 내용이 상세히 기술되어 있는 것이 바로 투자 설명서이다.

투자 설명서는 판매직원이 반드시 투자자에게 제공하고 그 주요한 내용을 설명한 뒤 투자자로부터 펀드에 대해 충분히 설명했다는 서명을 받도록 법으로 정하고 있다. 하지만 통상 펀드에 가입하는 시점에 50페이지 분량이나 되는 투자 설명서를 단번에 다 읽을 수도 없는 노릇이다. 따라서 판매직원으로부터 펀드를 추천받는 경우에는 사전에 이메일로 받아서 살펴보거나, 펀드

운용사의 홈페이지에 게시되어 있는 투자 설명서를 미리 읽어보는 것이 좋다.

투자 설명서는 투자신탁이든 투자회사든 거의 동일한 내용을 담고 있기 때문에 처음에 한 번만 제대로 읽어보면 그다음부터는 금방 익숙해질 수 있다. 만약 전체 내용을 다 읽는 것이 부담된다면 투자 설명서 앞부분에 있는 '투자 설명서 요약' 부분이라도 꼭 읽을 것을 권한다. 지금부터 실제 투자 설명서의 내용을 살펴보도록 하자.

[투자설명서] 미래에셋 3억 만들기 중소형 주식투자신탁 1호

〈목차〉

제1부. 당해 투자신탁에 관한 사항

❶ 투자신탁의 개요, 투자목적 및 전략 등

❷ 투자실적

❸ 투자신탁의 재무에 관한 사항

❹ 수익자총회 등에 관한 사항

제2부. 수익증권의 매입, 환매 및 투자수익의 분배에 관한 사항

❶ 주된 투자 권유대상 및 투자위험

❷ 자산의 평가, 기준가격 산정 및 공시

❸ 수익증권의 매입, 환매 및 이익의 분배

❹ 수수료, 보수 및 비용

제3부. 자산운용회사 및 투자신탁의 관계인에 관한 사항

❶ 자산운용회사에 관한 사항

❷ 판매회사에 관한 사항

❸ 수탁회사에 관한 사항

❹ 일반사무관리회사에 관한 사항

❺ 채권평가회사에 관한 사항

❻ 간접투자기구평가회사에 관한 사항

제4부. 수익자의 권익 및 공시에 관한 사항

❶ 자산운용회사에 관한 사항

❷ 고시에 관한 사항

모든 투자 설명서가 위의 목차와 거의 동일한 구성으로 이루어져 있다. 이 중에서 제1부는 각 펀드의 특성을 명확히 보여주는 내용이므로 반드시 사전에 읽어보고 투자하길 권한다. 나머지 항목들은 모든 펀드에 거의 통용되는 일반적인 내용이다. 해당 펀드의 제1부에 설명되어 있는 투자목적 및 투자전략 부분은 다음과 같다.

〈투자목적〉

이 투자신탁은 주식, 채권, 파생상품, 어음 등에 분산투자하는 주식형 펀드로서 주로 주식투자를 통한 자본 이득을 추구한다. 또한 중소형 주식에 일정 비율 이상 투자함으로써 추가적인 수

익을 추구하는 주식투자신탁이다. 그러나 이 투자신탁의 투자
목적이 반드시 달성된다는 보장은 없다.

이 투자신탁에서 중소형 주식의 의미
— 증권거래소에 상장 또는 코스닥시장에 등록되어 있는 주식
   인 경우 전 연도 말 기준으로 해당 기업이 발행한 보통주 시
   가총액 5,000억 이하 또는 자본금 200억 원 이하인 주식
— 당해 연도 공모주권인 경우 그 공모주권의 상장일 기준으
   로 해당 기업이 발행한 보통주 시가총액 5,000억 이하 또는
   자본금 200억 원 이하인 주식

이 투자신탁에서 일정 비율 이상을 중소형 주식에 투자함의 의미
중소형 주식에 매월 말 기준으로 투자신탁이 보유하고 있는
주식 평가금액의 50% 이상 투자

〈투자 전략 및 자산운용의 기본방침〉
가. 기본 운용 전략
— 기본에 충실한 운용
— 철저하고 과학적인 종목 분석으로 투자대상 종목 풀(pool) 구성
— 펀드매니저의 장세 판단에 의한 자산분배 전략에 따라 액
   티브(Active) 운용
— 핵심 경쟁력을 보유하고 있는 기업군에 집중투자
— 장기투자를 통한 충분한 고수익 창출 도모

나. 중소형주 투자종목 선정 시 고려사항

— 신기술을 보유한 종목

— 안정적 사업기반을 가진 기업

— 수출시장 개척 : 해외시장에서 인정받는 기업

— 기업의 성장성/안정성

이처럼 투자 설명서의 제1부 내용만 살펴보아도 투자하려는 펀드의 운용 스타일, 전략 및 투자대상 종목 등을 쉽게 파악할 수 있다.

특히 올해 2월부터 펀드투자 설명서의 기재 항목에서 유가증권 거래비용 등 경상적·반복적으로 지출되는 '기타비용'이 함께 기재된다. 기타비용에는 펀드의 유가증권 거래비용까지 포함돼 투자자가 실제 부담할 총비용을 비율 형태로 알 수 있다.

투자 설명서는 매 분기마다 투자자에 제공되는 자산운용보고서와 달리 펀드 가입 전에 제공되기 때문에 펀드의 직전 회계기간 동안 주식 등 거래를 통해 펀드가 지출한 과거 거래비용을 나타내도록 하고 있다.

ACT

**The Secret of
Investment Fund**

04

돈 되는 펀드
골라서
가입하기

펀드를 잘 고르는 비결

초보 투자자들이 펀드를 고를 때 낭패를 보는 이유는 여러 가지가 있으나 무엇보다 초보자들은 수익률만 쫓기 때문이다. 투자할 때 낭패를 보지 않으려면 무엇보다도 위험이 없는 펀드를 골라야 한다. 그러기 위해서는 결혼자금 마련, 노후 준비 등 투자목표를 가져야 하고, 그 투자목표에 따라 투자기간을 정해야 하며, 펀드운용사 정보나 앞으로의 수익률 등을 꼼꼼히 따져봐야 한다.

대부분의 투자자들이 펀드투자 시 몇 가지 오류를 범한다. 그 중에 가장 범하기 쉬운 오류는 과거의 누적 수익률을 보고 그 펀드는 앞으로도 그 정도의 수익, 또는 그보다도 더 큰 수익률을 낼 것이라는 기대이다. 이 기대는 한마디로 말해서 착각이라고 할 수 있다.

또 하나의 오류는 현재 TV광고나 언론에 자주 나오는 펀드에 가입하면 수익률이 좋을 것이라는 착각이다.

좋은 펀드를 고르는 비결

좋은 펀드를 고르려면 먼저 투자목적을 정해야 한다. 모든 일을 할 때 목적이 있어야 하지만, 투자는 더욱 그렇다. 내 집 마련, 노후 준비 등 투자목적을 확고히 하여야 한다. 다음으로는 그 목적을 달성하고자 하는 투자기간을 정해야 한다. 마지막으로 국내외 자산운용사에서 운용하는 1만 개의 펀드 중 자신의 재무목표와 투자기간에 부합하는 펀드를 골라야 한다.

그러면 1만 개의 펀드 중에서 어떻게 자신에게 맞는 펀드를 고를 수 있을까? 쉬우면서도 간단한 좋은 방법은 없을까?

방법은 분명 있다. 한국펀드평가사나 제로인 등 펀드평가사를 방문하는 것이다. 여기서 방문은 물론 인터넷으로 접속하는 것을 말한다. 이곳에 방문하면 자신의 투자목적, 투자수익률, 투자기간을 고려한 펀드를 선택할 수 있다.

이런 방법 외에 자신의 귀와 눈으로 직접 확인하고 싶다면 눈여겨보았던 펀드에 대해 자산운용사나 증권사, 은행 등 판매사 창구를 찾아가 애널리스트와 상의를 하면 된다.

투자할 때 체크해야 할 사항

그러면 초보자가 투자하기 좋은 조건은 어떤 것일까? 앞에서도 설명했지만, 투자목적과 투자성향에 따라서 펀드의 좋은 조건은 다 다르겠으나 공통점 몇 가지를 들면 다음과 같다. 초보자들은 다음 사항을 체크해야 한다.

첫째, 자신이 선택한 펀드 상품이 명확한 투자대상과 투자전략과 일치되는가?

둘째, 그 펀드를 운용하는 자산운용사가 다음과 같은 조건에 맞는가? 즉, 우수한 의사결정의 프로세스가 있고, 펀드매니저들이 장기간 근무할 수 있는 조건이나 장치가 마련되어 있으며, 건전한 조직문화와 경영진의 경영철학과 실천력이 있으며, 투자자를 위한 보호활동과 서비스 장치가 마련되어 있어야 한다.

셋째, 펀드매니저가 뛰어난 리서치 능력이 있고, 저평가된 주식에 대하여 장기적으로 투자할 수 있는 능력이 있는가? 펀드는 어느 펀드가 투자할 가치가 있는지 리서치하는 매니저의 리서치 능력에 따라 수익률에 큰 차이가 있다.

마지막으로, 초보자가 구입하려는 펀드의 과거 실적이 어떠했는가? 투자하기 좋은 펀드는 과거 실적을 보았을 때 장기간의 수익률이 뛰어나며, 수익률이 지속적으로 유지되고, 위험이 전혀 없을 수 없으나 적정한 수준인 펀드이다.

투자대상에 의한 펀드의 분류

구분		주된 투자대상	펀드 특징
증권펀드	주식형펀드	주식에 60% 이상 투자	고위험 · 고수익 추구
	혼합형펀드	주식에 60% 이하 투자	채권투자의 안정성과 주식투자의 수익성을 동시에 추구
	채권형펀드	채권에 60% 이상 투자	안정적인 수익 추구
MMF		단기금융상품에 투자	수시 입출금이 가능한 펀드
파생상품펀드		선물, 옵션 등 파생상품에 투자	파생상품을 통한 구조화된 수익 추구
부동산펀드		부동산에 투자	환금성에 제약이 따르지만 장기투자를 통한 안정적 수익 추구
실물펀드		선박, 석유, 금 등 실물자산에 투자	
특별자산펀드 (ELS, ETF 등)		수익권 및 출자지분 등에 투자	
재간접펀드 (Fund of Fund)		다른 펀드에 투자	다양한 성격과 특징을 가진 펀드에 분산투자

펀드 선택의 과학적 방법

펀드투자 시 초보 투자자들에게는 패러다임의 전환이 필요하다. 세상 대부분의 일들은 보통 열심히 한 만큼 결과가 얻어진다. 그러나 주식시장에서도 노력과 결과가 비례할 것이라고 생각한다면 큰 착각이다. 물론 노력하지 않는다면 얻어지는 것은 조금도 없을 것이다. 게다가 요행이나 운으로 수익을 얻으려한다면 더욱 큰 오산이다. 주식시장에서는 단 1%의 행운도 허락되지 않기 때문이다. 특히 펀드는 과학이므로 더욱 치밀한 연구가 필요하다.

주식시장에서 수익을 내는 것은 너무나 재미있고 짜릿하고 흥분되는 일이어서 중추신경계에서 넘쳐나는 아드레날린에 의해 중독이라는 늪에 빠지기 십상이다. 따라서 우연히 수익을 발생시켰더라도 주식시장을 떠나지 않는 한 투자자는 결국 실력의 지배를 받을 수밖에 없다.

이제부터 필자는 독자들의 투자 실력을 테스트해보려고 한다. 앞으로의 문제 중에서 모든 문제를 맞춘다면 당신은 최소한 잃지 않는 투자법을 알고 있는 것이다.

복리의 첫 번째 비밀

다음과 같이 수익률이 예상되는 네 가지 펀드가 있다.

	A 펀드	B 펀드	C 펀드	D 펀드
1년	5%	-9%	12%	-1%
2년	9%	12%	11%	-7%
3년	5%	-1%	18%	-1%
4년	7%	11%	11%	-9%
5년	1%	11%	21%	-5%
6년	3%	-7%	-1%	12%
7년	4%	-1%	-7%	11%
8년	8%	18%	-1%	18%
9년	2%	-5%	-9%	11%
10년	6%	21%	-5%	21%
합계	50.0%	50.0%	50.0%	50.0%
평균	5.0%	5.0%	5.0%	5.0%

A펀드의 매년 수익률은 단 한 번도 10%에 미치지 못한 반면 B 펀드는 마이너스 수익이 있기도 하지만 대체로 10~20%에 가까운 수익을 내고 있다. 그리고 C펀드는 초반 5년은 연이은 수익이고 후반은 연이은 손실이다. D펀드는 C펀드와 반대의 경우다. 네 개의 펀드는 모두 산술적인 수익률의 합이 동일하고 연평균 5%의 수익률을 보이고 있다. 이 중 당신은 어떤 펀드를 선택하

겠는가?

결과는 다음과 같다.

A 펀드	B 펀드	C 펀드	D 펀드
16,244,659	15,525,646	15,525,646	15,525,646

A펀드가 수익금이 가장 많다. 그리고 B, C, D는 모두 동일하다. 동일한 상승률을 보이더라도 잃지 않는 것이 얼마나 중요한가를 보여주고 있다. 그리고 주식시장에서 수익을 내기가 얼마나 어려운가를 말하고 있다.

쉽게 생각할 때 100에서 반을 잃으면 −50%의 손실이 되고 50%를 잃었으므로 50%를 다시 벌면 원금이 될 것이라고 생각하는 사람들이 많다. 하지만 그렇지 않다. 시장이 속이는 것이 아니라 당신이 착각하고 있는 것이다. 또한 그 반대의 경우도 마찬가지다. 동일한 비율만큼 얻고 잃고를 반복하면 두 경우 모두 잃고 마는 결과가 나온다. 그래서 쪽박차는 경우가 생기는 것이다.

믿지 못하겠다면 아래 표를 참고하라. A는 원금 1,000만 원을 투자해서 1년 동안 50%의 수익을 낸 후 2년째에 50% 손실을 봄으로써 750만 원이 되었다. B는 처음에 손실을 입은 후 2년째에 수익을 얻었지만 초기의 원금은 회복하지 못했다.

	50% 수익 후 50% 손실의 경우 (A)			50% 손실 후 50% 수익의 경우 (B)		
	투자원금	수익률	원금+수익	투자원금	수익률	원금+수익
1년	1,000	50%	1,500	1,000	−50%	500
2년	1,500	−50%	750	500	50%	750

시장에 참여한 투자자는 단순히 심리적인 이유만으로 상당히 많은 결정을 내린다. 현실적으로 A와 같은 투자자는 최초 1년 또는 한 달간은 승리의 기분에 도취되어 씀씀이를 키운다. 이렇게 되면 2개월 후에 남은 자산은 더욱 줄어들 수밖에 없다.

최초의 기간 동안 50%의 손실을 본 B의 경우도 나을 것은 없다. 운 나쁘게 투자한 첫달 원금이 반토막이 났다고 가정해보라. 일상생활이 손에 잡히겠는가? 모든 관심이 주식시장에 쏠리고 미국 시장의 움직임을 관찰하느라 밤잠을 설치기 일쑤일 것이다. 이 역시 장기적으로 보면 투자자의 잔고 하강 속도를 부추기는 요인이 된다.

분산투자의 비밀

아래와 같이 주가가 움직인다고 가정할 때 다음 세 투자자들의 최종 잔고는 어떻게 될 것인지 예상해보라.

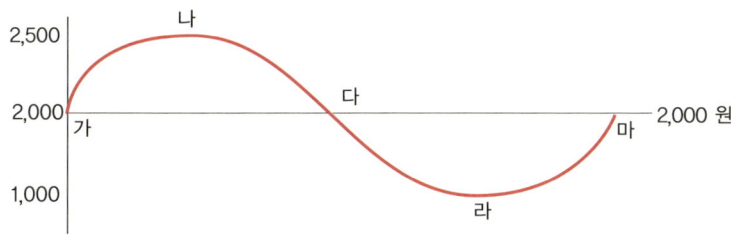

총 4개월간 투자를 한다고 가정한다. 현재의 주가지수 2,000에서 최초 1개월은 2,500까지 상승했다. 이후 다시 원점인

1,000포인트까지 내려왔다가 3개월째는 1,000까지 하락했다. 그리고 마지막 달에는 다시 2,000포인트를 회복했다고 가정한다. 세 명의 투자자가 모두 동일한 종목에 투자하였다.

❶ 1번 투자자는 40만 원을 가 지점에서 투자해서 마 지점에서 모두 팔았다. (분산투자하지 않고 거치식으로 투자)

❷ 2번 투자자는 40만 원을 4등분해서 가~라 지점에서 각각 균등하게 10만 원을 투자했다가 마 지점에서 점차 매도했다. (적확한 분산투자)

❸ 3번 투자자는 40만 원 중 절반인 20만 원을 가 지점에서 투자하여 마 지점에서 모두 매도했다. (어중간한 분산투자)

이 경우에 가장 큰 수익을 올리는 것은 2번 투자자이다.

매월 일정 금액, 적립식으로 투자한 2번이 가장 많은 수익을 올린다. 따라서 푼돈이라도 매월 빠지지 않고 투자하면 수익을 올릴 수 있다는 결과가 나온다.

펀드 가입 전에 체크해야 할 사항

❶ 나의 투자목표는 무엇인가?

자신이 펀드에 투자하는 목적이 주택 마련인가 노후자금 마련인가 아니면 자녀교육비를 위한 투자인가를 명확히 해야 한다.

몇 번이나 강조해도 부족함이 없지만 재테크나 투자는 목표가 분명히 있어야 한다. 특히 위험이 많은 펀드투자에 있어서 목표가 명확하지 않으면 실패하여 쪽박 차기 쉽다.

❷ 투자기간을 선정하라.

목적이 정해졌으면 당연히 투자기간이 나온다. 이 수치를 명확히 해야 한다는 것이다. 10년 후 내 집 마련이냐 20년 후 노후설계냐를 명확히 해야 한다.

❸ 원하는 목표금액은 얼마인가?

내 집 마련이라면 내 집의 집값을 알아야 하고, 노후의 필요한 자금이라면 노후에 얼마가 필요한지를 알아야 한다. 주식형 펀드의 수익률은 10% 정도로 보는 것이 좋다. 장기투자는 항상 이율이 높지 않다는 것을 염두에 두어야 한다.

❹ 나의 투자성향

재테크는 외로운 싸움이다. 이 싸움을 하다 보면 스트레스를 많이 받

게 된다. 스트레스를 받아가면서 장기적으로 긴 싸움을 할 수 있는지

아니면 단기적으로는 견디어도 장기전에는 약한지 자신의 투자성향을

알아야 한다.

펀드에 가입하는 방법

구슬이 서 말이라도 꿰어야 보배라는 속담이 있듯이 펀드에 관심이 많아도 가입하지 않으면 아무 소용이 없다. 은행금리에 만족할 수 없고, 장기투자할 각오가 섰다면 이제 펀드에 가입하는 일만 남았다.

펀드에 가입하는 방법은 크게 두 가지가 있다. 하나는 은행이나 증권사 지점 수익증권 창구를 직접 방문해서 가입하는 방법과, 다른 하나는 인터넷으로 가입하는 방법이다. 그러나 인터넷으로 가입할 때도 처음 가입 시에는 창구에 가서 펀드통장을 만들어야 하기 때문에 한 번은 직접 판매사 창구에 들러야 한다. 지금부터 구체적으로 가입 방법을 알아보겠다.

펀드 가입하러 가기

❶ 준비물 확인하기

펀드에 가입하려면 주민등록증과 도장, 그리고 투자자금이 필요하다. 투자자금은 일반적으로 1만 원 이상이면 되는데, 어떤 펀드는 최소 투자단위가 10만 원이나 100만 원으로 다소 높은 경우도 있다.

❷ 펀드 판매회사 찾아가기

펀드에 가입하기 위해서는 판매회사에 찾아가야 한다. 현재는 은행과 증권회사에서 주로 판매하고 있지만, 2004년부터 보험회사에서도 펀드를 판매하고 있는 중이다. 가까운 판매회사를 찾아가라.

❸ 금융상품 상담창구 방문하기

금융기관의 영업점에 들어갔다면 금융상품 가입 상담을 해주는 창구로 가야 한다. 금융상품 상담을 해주는 곳은 '상담 창구', '금융상품 코너' 등 다양한 명칭을 가지고 있다. 직원들에게 펀드에 가입하러 왔는데 어디로 가면 되는지 물어보라.

❹ 재무 설계 상담하기

창구에서 상담직원을 만나면 투자목적, 투자기간, 주식에 대한 투자 가능치 등을 상담한다. 펀드는 판매비용이 전체 비용의 3분의 2가 넘기 때문에 판매직원들이 상담을 잘해주는 편이다. 그러니 부담 갖지 말고 상담하라. 하지만 별로 수준이 높지 않은 상담을 해주는 경우도 많으므로 판매직원의 능력을 잘 따져봐야 한다.

❺ 펀드 고르기

충분한 상담이 끝났다면 이제는 펀드를 골라야 한다. 펀드를 고를 때는 펀드의 종류, 과거 수익률과 위험, 펀드 내에 들어 있는 내용물의 상태, 자산운용회사의 경영 상태와 펀드매니저의 자질 등을 따져보라. 이런 정보는 투자자가 스스로 구하기보다는 창구직원에게 질문을 하고 답변을 들어서 판단하면 된다. 펀드를 골랐으면 이제 본격적인 가입 절차에 들어간다.

❻ 통장 개설하기

펀드를 거래할 통장을 개설하는 단계이다. 통장을 개설하기 위해서는 종합계좌개설신청서를 작성해야 한다. 종합계좌개설신청서에는 성명, 주민등록번호, 주소 등을 기재한다. 만약 인터넷뱅킹이나 홈트레이딩 시스템을 이용하려면 뒷면에 추가로 신청난이 있으므로 좀 더 기재하면 된다. 창구직원이 옆에서 자세하게 설명해줄 것이다.

❼ 입금하기

통장을 개설했으니 그다음은 돈을 입금한다.

❽ 펀드통장 확인하기

이것으로 펀드 가입이 끝났다. 입금이 완료된 다음 날 통장을 찍어보면 가입한 금액이 나온다. 이후 계속 투자하면 된다.

인터넷으로 가입하기

판매사 창구에 직접 찾아가기 힘든 사람은 인터넷으로 펀드를 거래할 수 있다. 아무래도 펀드를 잘 아는 사람이나 거래를 많이 해본 사람들이 이용하면 편리할 것 같다. 인터넷 거래도 한 번은 판매사에 들러서 수익증권계좌를 개설해야 한다. 이때 역시 주민등록증과 어느 정도의 가입금액이 필요하다. MMF의 경우 가입금액에 제한이 없지만 수익증권을 사야 하기 때문에 1원 이상 가지고 가야 한다. 일단 수익증권계좌나 종합계좌에 가입하면 이때부터 인터넷으로 수익증권, 즉 펀드를 사고팔 수 있다. 주의할 점은 일반 주식계좌로는 펀드거래를 할 수 없기 때문에 반드시 수익증권 전용계좌나 종합계좌를 개설해야 한다는 것이다.

계좌를 개설했다면 이제부터는 인터넷으로 해당 증권사나 은행에서 판매하는 펀드를 자유롭게 사고 팔 수 있다. 그러나 A판매사의 계좌를 개설했다고 해서 모든 펀드를 사고 팔 수 있는 건 아니다. 다시 말해 A판매사에서 판매하는 펀드에 한해서만 펀드거래를 할 수 있다. 그래서 판매사의 선택이 중요한 것이다. 대부분의 판매사들은 계열사 상품을 주로 팔기 때문에 판매사를 선택할 때는 여러 운용사의 검증된 펀드를 판매하는 판매사를 찾아가는 것이 좋다.

계좌를 개설한 후 인터넷 펀드거래를 위해서는 꼭 필요한 것이 있다. 해당 판매사 홈페이지에서 인터넷 ID와 비밀번호 등을 입력해 회원으로 가입해야 하고, 금융거래 공인인증서가 필요하다. 아이디와 비밀번호를 입력해야 하고 그 아래에 공인인증서 확인란이 있다. 기존에 사용하던 공인인증서가 있으면 그것을 그대로 사용하면 되고, 만약 공인인증서가 없으면 '공인인증서 확인'을 클릭한 후 절차에 따라 인증서를 발급받으면 된다.

자, 계좌를 만들고 인터넷 회원가입을 마치고 공인인증서를 발급받았다면 이제는 자유롭게 인터넷으로 펀드거래를 할 수 있다. 즉 펀드상품을 사고 팔 수 있을 뿐 아니라 새로운 펀드상품에 가입할 수도 있고, 전환형 펀드의 경우 주식형에서 채권형으로, 채권형에서 주식형으로 펀드 전환이 가능하다.

백문이 불여일견! 직접 계좌를 개설해보는 것이 중요하다. 인터넷으로 하는 펀드거래는 계좌를 개설하는 번거로움은 있으나 한번 숙달되면 창구에 가지 않고도 펀드거래를 할 수 있다는 점에서 편리하다. 그러나 대부분의 투자자들은 인터넷 거래보다는 판매사 청구거래를 더 선호한다. 전문 상담사에게 펀드 가입 상담을 받을 수 있는 장점 때문이다. 아울러 인터넷으로 펀드를 가입하는 절차와 방법은 판매사 인터넷 홈페이지마다 조금씩 다르므로 직접 해당 판매사 인터넷 홈페이지를 방문해서 가입해보는 것이 좋다.

[펀드 가입 시 주의할 점]

펀드에 가입하기 전 몇 가지 주의해야 할 점이 있다. 판매사 직원들이 잘 알려주겠지만, 그래도 돌다리도 두드려보고 간다는 마음으로 아래 사항들을 항상 유념하는 것이 좋다.

❶ 펀드 만기가 언제인지

보통 뮤추얼펀드는 만기가 따로 없다. 미국에는 좋은 펀드일수록 펀드 나이도 오래된 것들이 많다. 그러나 우리나라에는 아직까지 오래된 펀드가 많지 않아서 펀드 나이만으로 이 펀드가 좋다 나쁘다 평가할 수는 없다. 일반적으로 펀드는 1년 정도가 만기인데, 만기라고 해서 꼭 돈을 찾을 필요는 없다. 은행 적금 만기가 3년인데 만기가 됐다고 해서 돈을 찾을 필요가 없듯이, 펀드 역시 마찬가지란 얘기다. 요즘엔 판매사의 서비스가 좋아져 펀드 만기가 되면 자동으로 안내전화를 해주기 때문에, 평소에 열심히 일상생활을 하다가 만기가 가까워오면 그때 펀드 수익률이나 기타 궁금한 점을 상담하면 된다.

❷ 중간에 돈을 찾을 때 수수료가 있는지

여윳돈으로 투자를 했더라도 갑자기 목돈이 필요해 부득이하게 만기 전에 돈을 찾아야 하는 경우가 생길 수 있다. 중간에 돈을 찾는 것을 '중도환매'라고 하는데, 펀드 운용이 시작된 지 얼마 지나지 않아 돈을 찾으면 그에 따른 불이익이 주어진다. 바로 '중도환매 수수료'라고 하는 것으로, 이 수수료는 펀드 상품마다 다르다. 예를 들어 3년 만기 A주식펀드에 가입한 후 3개월 이내에 돈을 찾으면 이익금의 90%를, 6개월 이내에 돈을 찾으면 이익금의 70%를 수수료로 물어야 하는 상황이 발생할 수도 있다. 따라서 펀드에 가입하기 전 환매수수료가 얼마인지 꼼꼼히 따져봐야 한다.

요즘은 이 같은 번거로움을 없애기 위해 가입할 때 수수료를 1% 떼고 아무 때나 돈을 찾을 수 있는 선취수수료형 펀드도 등장하고 있다. 예를 들어 100만 원을 펀드에 투자하면 1%인 1만 원을 수수료로 먼저 떼고 99만 원으로 운용을 시작한 후, 기간에 관계없이 돈을 중간에 찾더라도 수수료를 물지 않는 것이다. 따라서 자신에게 어떤 스타일이 맞는지 미리 확인하는 게 좋다.

❸ 중간에 돈을 추가로 입금할 수 있는지

펀드는 중간에 돈을 추가로 넣을 수 있느냐 없느냐에 따라 추가형과 단위형으로 나뉜다고 3부에서 이야기했다. 자신이 가입한 펀드가 중간에 돈을 더 넣을 수 있는지 없는지를 미리 확인한 후 펀드에 가입하라. 예상치 않았던 여유자금이 생겼다거나 주가가 단기간에 많이 떨어져 가격이 싸 보일 때는 중간에 돈을 더 넣는 것이 유리할 것이다.

❹ 운용보수와 판매보수 등 수수료가 어느 정도인지

보통 펀드에 가입할 때 판매사 직원들이 펀드와 관련된 보수에 대해선 잘 언급하지 않는 경우가 있다. 자신들의 이익에 반하는 내용이 있어서이기도 하지만, 보수나 수수료를 언급하면 복잡해지기 때문에 일부러 이 부분은 그냥 얼버무리기도 한다. 그러나 고객 입장에선 펀드 가입에 따른 보수나 수수료를 꼼꼼히 따져볼 필요가 있다.

펀드와 관련된 보수는 크게 다음 세 가지를 들 수 있다

❶ 펀드 운용사에 지급하는 운용보수
❷ 증권사나 은행 등 판매회사에 지급하는 판매보수
❸ 자산보관회사에 지급하는 수탁보수

보통 주식형 펀드의 경우 펀드 순자산가치의 연 2~3% 정도, 채권형 펀드의 경우 연 1~2% 정도 수수료가 부과되는데, 다른 조건이 같으면 펀드 수수료가 저렴한 펀드를 선택하는 것이 좋다. 특히 5년 이상 장기투자하는 경우 수수료에 따라 펀드 수익률이 많게는 10% 이상 차이가 나기도 하는 만큼, 수수료가 얼마인지를 반드시 확인해야 한다. 또 투자수익을 계산할 때 사용되는 펀드의 기준가격은 이미 이러한 보수들을 제외한 가격이라는 것도 알아두면 좋다.

참고로 수수료가 싼 펀드 가운데 인덱스 펀드가 있는데, 인덱스 펀드는 수수료가 싸다는 이유만으로 5년 이상 장기투자할 경우 다른 주식펀드보다 수익률이 좋을 확률이 그만큼 더 커진다. 주식이 오르고 내릴 확률이 반반이라 한다면 상대적으로 수수료가 저렴한 펀드가 수익률이 더 좋을 수밖에 없다. 따라서 선진국에서는 이런 인덱스 펀드 투자가 보편화되어 있는 것이다.

05

내 펀드, 누가 관리하나?

자산운용가가 뭘 하지?

펀드를 알려면 펀드를 운용하는 곳과 판매하는 곳, 그리고 펀드를 평가하는 곳을 알아야 한다.

먼저 펀드를 최초로 만드는 곳이 자산운용사인데, 자산운용사들은 보통 자신들의 필요에 의해 펀드를 만들기도 하고, 또 고객들이 먼저 "이런 펀드를 만들어주세요"라고 요구하면 그에 따라 상품을 만들기도 한다. 즉, 운용사는 펀드를 만들고 이를 운용하는 회사이다. 현재 자산운용업협회에 등록된 회원사 수는 43개이다. 이들 회원사들은 자산운용과 관련된 업무를 하는 회사들로 자산운용업협회에 입회신청서를 제출하고 이사회의 승인을 거쳐서 최종 회원사의 자격을 얻게 된다. 한편 자산운용사뿐만 아니라 은행과 보험회사도 펀드를 운용하고 있는데, 새로운 자산운용업법에는 은행과 보험사들도 회원이 될 수 있다고 규정하고 있다. 따라서 자산운용업협회의 회원사 수는 앞으로 더 늘어날 전망이다.

새로운 자산운용업법이 도입되기 전에는 투신운용사는 수익증권과 뮤추얼펀드를 모두 취급할 수 있고, 자산운용사는 뮤추얼펀드만 취급하는 곳이었다. 쉽게 말하면 투신운용사가 자산운용사보다 자본금이나 운용자산이 더 크다고 할 수 있었다. 그러나 새 법이 도입되고부터 이런 구분이 없어졌다. 즉, 자산운용사들도 자본금 100억 원 이상이면 수익증권을 취급할 수 있게 됨으로써 투신운용사와 자산운용사의 구분이 없어진 것이다.

그렇다면 투자자문사는 무엇일까? 투자자문사는 자산운용사보다 작은 운용회사로 보면 된다. 자문사는 일반인을 대상으로 하는 공모펀드보다는 주로 거액 고객들을 상대로 하는 사모펀드를 운용한다.

펀드매니저가 유능한가?

운용사에서 펀드를 직접 운용하고 관리하는 사람들이 바로 펀드매니저이다. 이들은 시시각각 변하는 시장상황에서 어떻게 고객들의 돈을 잘 굴려 수익을 낼 수 있을까 고민하는 펀드 운용의 핵심 멤버들이다. 이들을 다른 말로 '운용역'이라고도 하며, 자산운용업협회가 주관하는 운용전문인력시험을 통과해야 펀드매니저가 될 수 있다. 투신운용사의 경우 7명, 자산운용사는 5명, 투자자문사는 4명 이상 운용전문인력을 확보하도록 법제화되어 있다.

펀드매니저는 운용하는 자산의 종류에 따라 크게 주식 펀드매니저와 채권 펀드매니저로 나눌 수 있다. 물론 파생상품이나 실물자산을 운용하는 펀드매니저도 있지만, 펀드매니저 하면 가장 먼저 떠오르는 사람이 바로 주식 펀드매니저이다.

판매사는 나와 상관이 없다?

판매사는 펀드를 파는 편의점이라고 할 수 있다. 보통 은행과 증권사에서 펀드를 파는데, 새로운 자산운용업법의 도입으로 이제는 보험사에서도 펀드를 팔 수 있게 됐다. 그들은 고객들에게 펀드를 파는 것뿐만 아니라 펀드의 사후관리나 고객들의 애로사항 등을 해결해주는 역할도 한다. 요즘은 펀드를 운용하는 운용사보다 펀드를 판매하는 증권사나 은행들의 파워가 더 세다. 그 이유는 운용사가 아무리 좋은 펀드를 만들어 운용한다 하더라도 이를 팔 판매사를 찾지 못하면 아무 소용이 없기 때문이다. 그래서 운용사는 판매력이 좋은 은행이나 증권사를 찾아다니느라 애를 쓰게 된다. 또 판매사의 판매 능력과 노하우에 따라 펀드의 판매 규모가 달라지기 때문에 좋은 판매사를 확보하기 위한 운용사들의 경쟁은 치열하다. 실제로 모 외국계 은행이 판매사가 되면 대부분의 펀드가 베스트셀러가 될 정도로 판매사의 역할은 매우 중요하다.

똑같은 펀드를 팔아도 판매사에 따라 판매 성적이 달라질 수 있다. 펀드 판매에 따른 보수를 판매사와 운용사가 7:3 정도로 나누는 것만 봐도 판매사의 파워가 더 세다는 것을 알 수 있다. 그러나 앞으로는 은행과 증권, 보험사뿐만 아니라 자산운용사도 펀드 판매가 가능해질 예정이다. 특히 본점의 영업창구는 물론 인터넷 홈페이지와 우편, 전화로도 펀드 판매가 가능해져 투자자들은 그만큼 펀드를 쉽게 접할 수 있게 되었다.

우리나라의 대표적인 펀드판매사로는 증권사의 경우 삼성증권과 LG투자증권, 대우증권, 현대증권, 한국투자증권, 대한투자증권 등이 있고 국내 은행으로는 국민은행과 하나은행, 우리은행 등이 있으며 외국계 은행으로는 씨티은행과 HSBC 등이 있다.

펀드를 운용하는 곳과 판매하는 곳을 별도로 두는 이유는 무엇일까? 그만큼 펀드 운용의 투명성과 안정성을 보장하기 위해서라고 보면 된다.

판매사들은 나름의 판단에 따라 어떤 펀드를 고객에게 판매할 것인지를 결정하기 때문에 펀드를 운용하는 측에서는 더욱더 책임감을 가지고 펀드를 운용하게 된다. 또한 시중은행이나 보험사와 같이 전국적인 판매망을 가진 기관이 판매를 대행해주기 때문에 펀드운용사는 펀드운용이라는 본업에 더욱 매진할 수 있는 장점도 있다.

운용에 따라 높은
수익 창출이 가능하다

그렇다면 펀드의 좋고 나쁨은 누가 측정할까? 아무리 값비싼 다이아몬드도 이를 감정해주는 평가사가 없으면 한낱 돌덩이에 불과하듯 아무리 좋은 펀드도 이를 객관적으로 평가해주지 않으면 투자자들에게는 무용지물이나 다름없다. 따라서 펀드의 객관적인 평가는 운용 못지않게 중요하며, 이런 펀드 평가를 담당하는 곳이 펀드평가사들이다. 펀드평가사들은 펀드의 수익률 측정은 물론, 해당 펀드의 위험과 포트폴리오 분석, 운용사의 운용 능력, 펀드매니저의 자질 등을 종합적으로 평가한다. 또 이들 평가사들은 펀드와 관련된 데이터를 투자자나 펀드판매사, 운용사에 정기적으로 제공해주는 역할을 한다. 한마디로 펀드 감정사인 셈이다. 펀드평가사들이 없으면 공정한 펀드 평가를 할 수 없고, 운용사들이 자의적으로 수익률을 부풀려 조작할 수 있는 만큼 공정하게 펀드를 평가하는 평가사들의 역할은 더욱 중요해지고 있다. 현재 우리나라에는 제로인과 한국펀드평가, 그리고 모닝스타코리아 세 곳이 평가 업무를 하고 있다. 주의할 점은 세 곳 평가사들이 서로 독자적인 펀드 평가모델을 가지고 있기 때문에 한 펀드평가회사에서 우수한 펀드로 평가받았더라도 다른 평가사에서는 그렇지 않을 수도 있다는 사실이다. 따라서 세 곳 평가사에서 고르게 우수한 점수를 받은 펀드를 고르는 것이 좋다. 펀드평가사들의 홈페이지를 방문해보면 펀드 평가와 관련된 좀 더 많은 정보를 얻을 수 있다.

수탁사는 어떤 곳인가?

수탁사란 펀드에 들어올 돈을 안전하게 보관, 관리해주는 곳이다. 펀드에 돈이 들어오면 운용사들이 돈을 가지고 있는 것이 아니다. 부정을 방지하기 위해 고객들의 돈은 안전한 수탁사로 이동해 보관된다. 즉, 펀드를 운용하는 운용사들은 실제로 돈을 가지고 있는 것이 아니라는 것이다. 자산운용사들이 고객의 환매에 응하기 위해 주식이나 채권을 팔면 수탁사는 즉시 돈을 내주어야 한다. 수탁사의 역할은 보통 은행이 수행하는데, 새로운 간접자산운용업법이 도입된 후 수탁사의 기능은 단순히 돈을 보관, 관리하는 일뿐만 아니라 운용사가 운용을 제대로 하고 있는지 감시하는 등 그 역할이 점차 강화되고 있다. 수탁사들은 고객의 돈을 보관, 관리해주는 대가로 일정 금액의 수수료를 받는데 보통 운용보수의 0.03~0.05%로 생각보다 크지 않다. 주요 수탁은행으로는 국민은행과 하나은행, 우리은행 등이 있다.

06

펀드
세금과비용
줄이기

[펀드의 세금 확실히 알아두자]

국내펀드의 세금

증권을 매수한 가격과 매도한 가격의 차이로 인한 이익을 '매매차익' 또는 '시세차익'이라고 한다. 우리나라에서는 주식, 채권, 파생상품 등의 각종 증권에 대한 매매차익은 어떠한 경우에도 세금을 부과하지 않는다.

예를 들어 주식형 펀드에 대한 투자금액이 1,000만 원이고 현재 수익률이 30%가 되어 잔고가 1,300만 원으로 투자차익이 300만 원이 났다면 300만 원에 대해 과세하지 않는다. 따라서 주식형 펀드에서 발생하는 수익 대부분은 세금 부과 대상이 아니기 때문에 투자자가 받아가는 세후수익률도 높아진다. 다만 펀드의 운용 과정에 발생하는 배당수익이나 이자수익에 대해서 15.4%의 세금을 부과한다. 일반 법인의 경우는 주민세를 면제받기 때문에 14%만 내면 된다. 적립식 펀드투자 계좌에서의 과세 방식은 환매수수료 문제로 인해 '선입선출법'을 적용한다.

매월 100만 원씩 불입하는 적립식 계좌가 있다고 가정해보자.

환매 시점의 평가액 2,000만 원 중 1,000만 원을 인출하려 한다면 세금은 가장 먼저 불입한 적립액에서 순차적으로 1,000만 원이 되는 시점의 적립액까지 내야 할 세금을 계산하게 된다. 그러나 적립식 펀드의 경우 환매수수료 부과기간(90일)이 지나면 건 하나하나 계산할 필요가 없어진다.

해외투자펀드의 세금

해외펀드는 크게 역내펀드(국내운용사들이 운용하는 펀드)와 역외펀드(해외에서 운용하는 펀드를 국내에서 판매만 하는 펀드)가 있다. 이 두 가지 해외펀드 중 역내펀드만 주식양도 차익에 대해 비과세 혜택이 되고 역외펀드는 정상적으로 과세된다.

주의할 것은 역내펀드라고 하더라도 주식양도차익에서만 비과세할 뿐이지 이자 및 배당수익에 대해서는 과세를 한다는 점이다.

초보자가 체크해야 할 사항

하지만 비과세가 무조건 도움이 된다고 볼 수는 없다. 주식 매매 차익에 대해서만 비과세되는 것이고, 채권이나 환차익으로 인한 수익은 과세가 이루어진다.

예를 들어 채권과 주식에 함께 투자한 펀드의 경우 주식에서 큰 손실이 나서 펀드 자산 전체로 보았을 때 원금 손실을 입었더라도 채권 수익분에 한해서는 과세가 이루어진다. 따라서 해외 펀드에 가입할 때는 펀드별로 과세 여부를 꼼꼼히 따져보고 국내펀드와의 적절한 자산배분 전략을 수립해야 한다.

펀드비용, 줄일 수 있는
방법을 찾자

모든 금융거래에는 비용이 따르기 마련이다. 집이나 차를 살 때는 단순히 집 값이나 차 값만을 생각해서는 안 된다. 취득세와 등록세를 내야 하기 때문이다. 고가의 집이나 차를 구입할 때는 그만큼 취득세와 등록세가 높아지게 마련이다. 펀드도 마찬가지다. 매매차익이 많아질수록, 즉 투자기간이 길수록 펀드의 비용은 많아지게 된다.

예를 들어 펀드에서 수익률이 10% 발생했는데 펀드의 비용이 2%라면 겨우 8%밖에 되지 않는 수익률을 얻는 것이다. 장기간 투자했을 때 이런 구조로 비용이 계속 빠져나간다면 투자수익률은 떨어질 것이 뻔하다. 따라서 펀드비용은 투자 시 매우 중요한 고려사항이 되어야 한다.

비용은 수수료와 보수로 구분되며 수수료는 딱 한 번만 부담하면 되는 비용이고, 보수는 운용 대가로 정기적으로 지불하는 비용이다. 수수료에는 펀드투자 전에 미리 떼어가는 선취수수료, 나중에 떼어가는 후취수수료, 그리고 계약 기간 전에 환매하는 경우 떼어가는 환매수수료가 있다. 모든 펀드가 이 세 가지 수수료를 다 내야 하는 것은 아니다. 펀드에 따라서 선취수수료만 내는 펀드도 있고, 후취수수료만 내는 펀드도 있다. 선취수수료와 후취수수료를 모두 내는 펀드도 있다.

펀드 관련 비용

구분	종류	내용
투자자가 지급하는 비용	· 선취판매수수료 · 후취판매수수료 · 환매수수료	펀드에 가입하거나 환매할 때 투자자가 한 번만 지출하는 판매비용
펀드에서 지급하는 비용	· 운용보수 · 판매보수 · 수탁자보수 · 사무관리보수 · 기타비용	펀드에서 판매자, 운용자, 수탁자, 기타 업무관계자에게 정기적으로 지급하는 비용

환매수수료도 내는 펀드가 있는가 하면 내지 않는 펀드도 있다. 보통 선취수수료를 징수하는 펀드는 환매수수료가 없는 경우가 많고, 후취수수료를 징수하는 펀드는 환매수수료를 징수하되 일정 기간, 보통 90일 이상이 지나면 환매수수료는 면제해준다.

펀드에 가입하면 수수료와 별도로 보수도 내야 한다. 보수는 펀드에 투자되는 동안 계속 내야 하는데 운용사에 지급하는 운용보수, 판매사에 지급하는 판매보수, 수탁사에 지급하는 사무관리보수 등이 있다. 이외에도 주식매매비용 등 반복적·경상적으로 지출되는 비용을 부담해야 한다.

이런 비용들은 투자자들의 통장이 아니라 투자자들이 펀드에 맡긴 돈에서 바로 지급되며 보수는 매일매일 계산했다가 3개월에 한 번씩 인출한다. 물론 투자자들이 통장을 통해서 보는 기준가격은 모든 펀드비용이 차감된 순수한 순익률이다.

현재 우리나라 국내 주식형 펀드의 평균 총비용은 1.86%이며 수탁고가 2,000억 원이 넘는 대형 펀드들의 경우 평균 총비용은 2.18%에 달한다. 즉 매년 투자해서 얻은 순익률 중 2.18%가 비용으로 지출된다는 말이다. 이 비용 중에서 가장 많은 비중을 차지하는 항목은 판매보수로 1.46%이며 펀드매니저들이 가져가는 운용보수는 판매보수의 절반도 되지 않는 0.67%에 불과하다. 더구나 억울하지만 펀드비용은 수익이 나지 않아도 부과된다. 손실이 나도 내야 한다는 얘기다.

그렇다면 펀드 수수료나 보수가 낮은 상품이 좋을까? 꼭 그런 것만은 아니다. 물론 수익률이 같다면 이왕이면 보수나 수수료가 싼 펀드가 유리하다. 하지만 수수료는 좀 더 비싸더라도 수익을 잘 내는 펀드가 있다면 오히려 싼 수수료의 펀드보다 훨씬 유리한 것이다. 수익률이 높은 펀드 중에서 보수가 싼 펀드를 선택하는 것은 옳은 것이나 수익률을 무시하고 무조건 수수료가 싼 펀드만 찾는 것은 바람직하지 않다. 그러므로 펀드를 고를 때 펀드비용이 절대적인 선택기준이 되어서는 안 된다.

펀드비용을 줄일 수 있는 방법

조금이라도 펀드비용을 줄일 수 있는 방법은 없을까?

첫째, 가능하면 펀드의 비용이 낮은 펀드를 선택해야 한다.

현재 국내주식펀드 중에서 어떤 것은 연간 3.5%를 받는 상품도 있지만 총 비용이 0.3%에 불과한 펀드도 있다. 펀드의 비용이 높을수록 수익률이 낮아지므로 펀드의 비용이 가능하면 낮은 펀드 중에서 투자할 곳을 골라야 한다.

둘째, 투자기간에 따라 유리한 수수료 형태를 선택해야 한다.

장기투자자라면 선취형(펀드에 가입할 때 먼저 수수료를 받음) 펀드를 선택하는 것이 좋다. 선취형 펀드는 투자 전에 수수료를 떼기 때문에 초기 지출비용은 많지만 2년 이상 장기투자하는 경우에는 비용이 줄어든다. 반면에 1년 이내의 단기투자라면 후취형(펀드를 환매할 때 수수료를 받음) 펀드가 선취형 펀드에 비해 비용이 적게 들어간다. 하지만 후취형이라도 보통 3개월 이내에 환매하는 경우에는 환매수수료가 부과되므로 3개월 환매수수료 면제기간이 지나서 환매해야 한다. 펀드마다 환매수수료 면제기간이 다를 수 있다.

셋째, 주식형 펀드의 클래스를 잘 골라야 한다.

우리나라 주식형 펀드는 판매비용을 떼는 방법에 따라 A, B, C클래스 등으로 나뉜다. 선취수수료가 있으면 클래스 A, 후취수수료가 있으면 B, 둘 다 없으면 C, 둘 다 있으면 D로 구분한다. 법인용 펀드에는 1을 붙인다. 클래스 A상품은 선취수수료가 있는 대신 보수가 싸다. 예를 들어 H운용의 적립식 주식펀드

1ClassA의 비용구조를 살펴보자.

이 적립식 주식펀드 클래스 A형의 경우 펀드 가입 시 1%의 선취 판매수수료를 내야 한다. 펀드에서 추가로 매년 2.511%의 비용을 추가로 물게 된다. 이 중에서 판매보수는 0.9%이며 운용보수는 0.7%에 달한다. 즉 이 펀드를 구입한 개인투자자는 첫해에 판매보수로 약 1.9%를 물고, 운용보수로는 0.7%, 그 외 기타 비용을 추가로 내게 된다. 이같이 펀드의 클래스에 따라 여러 가지 비용 구조가 달라지게 되므로 펀드에 가입할 때는 반드시 클래스를 잘 따져보고 투자해야 한다.

넷째, 온라인 펀드나 인터넷 전용 펀드를 활용하면 비용을 절감할 수 있다. 펀드를 금융기관 창구에 가서 가입할 수도 있지만 '펀드 몰'과 같은 곳에서 인터넷으로 가입할 수도 있다. 이 경우 창구에서 가입하는 것보다 훨씬 싼 수수료로 가입할 수 있다. 다만 아직까지는 온라인 펀드가 많지 않아 다양한 선택을 할 수 없다는 단점이 있다.

금융회사 창구에서는 판매하지 않고 인터넷으로만 판매하는 인터넷 전용 펀드도 수수료가 매우 저렴한 편이다. 인터넷 전용 펀드는 영업점 창구에서의 상담이나 가입이 불가능하고 콜센터나 인터넷 상담만 가능하다.

모든 조건이 동일하다면 장기로 투자할 때는 판매보수보다는 선취 판매수수료를 내는 펀드가 바람직하다. 특히 은퇴자금을 마련하기 위해 초장기간 투자하는 변액보험과 같은 상품의 경우 선취 판매수수료가 판매보수 방식보다 훨씬 더 저렴하다.

하지만 소액으로 단기간 투자할 때는 판매보수 방식이 오히려 더 싸다. 펀드의 비용을 감안해서 투자해야 현명한 자산관리가 가능해질 수 있다는 사실을 명심하도록 하자.

예를 들어 환매수수료 부과기간이 90일인 적립식 펀드에 36개월로 가입했다고 가정해보자. 25개월(적립식 만기 전 환매) 만에 돈을 되찾을 때는 환매 시점으로부터 3개월 이전 불입금(총 220만 원)에 대해서는 환매수수료를 물지 않아도 된다. 다만 최근 90일 이내에 불입한 3개월치, 즉 30만 원에 대한 매매차익에 대해서는 환매수수료가 부과된다. 하지만 만기인 36개월이 막 지났을 때(만기 이후 환매) 환매할 경우에는 직전 3개월 이내에 불입한 금액에 대해서도 환매수수료를 물지 않아도 된다.

적립식 펀드의 환매수수료 계산

환매수수료 면제기한이 90일인 펀드를 '거치식'으로 투자할 때는 투자 시점으로부터 90일이 지나면 환매수수료 없이 돈을 되찾을 수 있다. 그러나 동일 펀드를 3년 만기 적립식으로 투자했을 경우에는 불입한 금액 각각의 경과기간이 90일이 지나야 해당 불입금의 환매수수료가 적용되지 않는다.

주요 증권사가 추천한 2011년도 유망 펀드

업체	국내 주식형	해외 주식형	국내 채권형	해외 채권형	대안 투자형
대우	트러스톤칭기스칸 한국투자 한국의 힘 FT포커스 알리안츠베스트중소형	미래에셋차이나솔로몬 JP모간러시아 산은삼바브라질 파델리티인디아	PCA 물가 따라잡기	알리안츠핌코 이머징로컬 AB글로벌고수익채권	블랙록월드광업주 한화라살글로벌리츠
현대	트러스톤칭기스칸 신한BNPP탑스밸류 현대현대그룹주플러스	미래에셋차이나A셰어 플랭클린인디아플러스 JP모간러시아	–	AB글로벌고수익채권	JP모간천연자원
한국투자	한국투자네비게이터 한국투자한국의힘 알리안츠기업가치향상	신한봉쥬루차이나 JP모간러시아 한국투자인니말레이	동양하이플러스 교보투모로우– 장기우량	템플턴글로벌 알리안츠핌코토탈리턴 미래글로벌다이나믹	미래에셋맵스로저스 커모디인덱스 JP모간천연자원
신한금융 투자	한국투자한국의힘 신한BNPP좋은아침희망 알리안츠베스트중소형	삼성차이나2.0본토 JP모간러시아 신한BNPP봉쥬르– 중남미플러스	–	–	신한BNPP골드 한화라살글로벌리츠
미래에셋	미래에셋5대그룹주 FT포커스	미래에셋친디아컨슈머	–	–	블랙록월드광업주 로저스커모디이인덱스

07

어떤
투자방법이
내게 맞을까?

펀드와 첫 인연을
맺어주는 ELS

　적립식 펀드에 투자하는 사람들이 펀드에 투자하기 전에 펀드와 인연을 맺게 해주는 상품이 바로 ELS이다. 2004년부터 투자자들 사이에서 인기를 끌고 있는 ELS는 위험도가 낮고 고수익을 올릴 수 있어서 저축에서 투자로 넘어가는 징검다리 역할을 하는 투자상품이다.

　ELS는 다른 주식형 펀드와 달리 상대적으로 원금 손실을 볼 가능성이 희박하기 때문에 예금 금리 이상의 투자수익이 나올 수 있는 독특한 구조를 가진 상품이다.

　투자자들이 흔히 ELS라고 부르는 주가연계증권은 엄밀히 구별하면 증권회사에서 발행하는 ELS, 자산운용회사가 발행하는 ELF, 은행에서 발행하는 ELD로 나뉜다.

　다음 도표에서 알 수 있듯이 세 상품은 수익이 주가와 연계해서 발생한다는 점에서는 같지만 상품의 법적 성격, 원금 보장 여부에는 상당한 차이가 있다.

ELS, ELF, ELD의 비교표

구 분	ELS	ELF	ELD
발행회사	증권회사	자산운용회사	은행 등 예금 취급 기관
판매회사	증권회사 등	증권회사 등	은행 등 예금 취급 기관
운용방법	고유 계정과 혼합	고유 계정과 분리 응용	고유 계정과 혼합
발행형태	유가증권	유가증권 (수익증권, 주식)	정기예금
투자방법	유가증권 매입	수익증권 매입	정기예금 가입
만기수익률	지수 변동에 따라 사전에 제시한 수익률	운용 실적에 따른 수익률	지수 변동에 따라 사전에 제시한 수익률
원금보장	사전에 제시된 일정비율	보장 없음 (단, 보존 추구)	원금 100% 보장
예금 보호	없음	없음	보호 대상

　우선 ELS는 금융당국으로부터 장외 파생상품으로 인가받은 9개의 증권회사가 발행하는 일종의 파생상품이다. ELS는 증권사가 투자자로부터 자금을 모집한 후 이 자금으로 코스피 200지수나 개별 지수 옵션에 투자하는 상품이다.

　이와 달리 ELD나 ELF는 증권회사가 발행한 ELS를 예금 상품이나 펀드에 편입하는 구조의 상품이다. 다만 ELD는 예금 보호 상품이면서 원금이 100% 보장되는 대신 다른 두 상품에 비해서 수익률이 낮다. ELF는 펀드 자산의 대부분을 채권 등에 투자하여 원금의 보존을 추구하면서 동시에 나머지 일부를 ELS에 투자하여 주가지수 변동에 다른 추가적인 수익을 추구하는 실적배당

상품이다. 따라서 ELS의 성과는 증권회사가 발행한 ELS의 상품 구조에 따라 좌우된다. 대개 국내 증권사들은 안정적인 투자성향을 감안해 원금 보존을 추구할 수 있는 상품을 만든다.

최근 들어 ELS 상품이 다양해지고 있다. 최근 출시되는 ELS는 원금보장 가능성을 높이거나 조기상환 조건을 대폭 완화한 상품이 많다. 특히 일부는 중간 평가일에 조기상환이 가능한 자산 가격 하락폭을 최대 20~30까지 확대하고, 원금 손실이 발생하는 자산 가격 기준도 −40~50%까지 올리고 있다.

또 조기상환 시 기초자산의 가격에 따라 수익률을 차등 적용하는 상품도 등장했다. 연 수익률도 예전에는 10%대가 주류였다면 기초자산 가격이 오를 경우 연 수익률을 최대 23%까지 지급하는 상품까지 출시되고 있다.

앞으로의 전망

최근에는 안정 성향의 고객 위주로 일정 부분 손실 위험을 제거한 구조화된 ELS 상품에 대한 가입도 늘어나고 있는 형편이다. 기존에 예금 등 안전한 자산에 투자하던 자산가들이 일정 부분 위험을 감수하더라도 높은 수익을 추구할 수 있는 상품을 선호하기 때문이다.

투자할 때 체크해야 할 사항

　　　　　　투자자가 ELS펀드에 투자할 때는 다음과 같은
사항에 유의해야 한다.

첫째, 원금보존형 ELS펀드도 원금보존을 추구할 뿐이며 원금보
장이 되는 것은 아니다.

둘째, ELS펀드는 다양한 수익구조를 가지기 때문에 가입 전에
투자 설명서를 반드시 읽어봐야 한다.

셋째, ELS펀드 수익률은 기초자산으로 편입된 주식의 주가나
주가지수에 큰 영향을 받기 때문에 향후 주가전망 등을 검토한
후 가입하는 것이 좋다.

장기 펀드투자의 꽃인
배당주 펀드

배당주 펀드는 배당성향이나 배당수익률이 높은 종목에 투자하는 펀드로 장기투자가 성행되면서 그 가치가 더욱 빛을 발하고 있다.

저금리 기조가 유지되면서, 특히 2004년부터 배당수익률이 예금 금리를 추월하는 수준에 이르자 배당주에 대한 관심이 증가되고 있다.

배당주의 특징은 현재의 높은 수익률보다는 장기적으로 안정적인 성과를 내는 것을 목적으로 운용된다는 것이다. 이에 따라 예상 배당수익률 이상으로 주가가 오를 때에는 주식을 팔아 시세차익을 얻을 수 있고, 반대로 주가가 오르지 않을 경우에는 배당 시점까지 주식을 보유했다가 배당금으로 주가하락으로 인한 손실을 만회하는 방식으로 투자전략을 시행하고 있다.

펀드에 대한 데이터가 많이 축적되지 않은 우리나라 같은 실정에서 배당주 펀드는 급락장에서 수익률 방어가 상대적으로 뛰어나며, 현재와 같은 상승장에서는 주가상승으로 인한 높은 자본이익까지 추구하고 있다.

배당주의 특징

배당주의 큰 특징은 펀드 종목편입 시에 시가총액을 고려하지 않는다는 점이다. 예를 들어서 주식시장에서 삼성전자나 현대자동차의 비중이 어떻게 변하든 배당주 펀드는관심을 가지지 않는다. 따라서 펀드 수익률도 코스피의 시장수익률과 상당한 차이가 날 수 있다.

또 하나의 특징은 배당주 펀드는 배당성향이 높은 종목에 장기적으로 투자한다는 점이다. 이때 종목들의 특징은 주가의 변동이 적다는 것이다. 따라서 펀드 수익률의 변동도 상대적으로 적어 위험성이 낮다고 할 수 있다.

투자할 때 체크해야 할 사항

사실 배당은 회사의 실적 및 정책, 주주와의 관계 등에 의해 설정되므로 배당주라는 의미는 명확하지 않다. 각 자산운용사마다 배당주 발굴 기준이나 실제 편입 배당주가 다를 수밖에 없으므로 배당주 투자 펀드의 기준 역시 명확하지 않다. 따라서 배당주 펀드를 선택할 때에는 각 자산운용사마다 배당주 발굴 기준이나 실제 어떤 배당주에 편입했는지, 특히 배당수익률이 얼마인지를 꼼꼼히 따져봐야 한다.

또 배당주 펀드에 투자하는 시기로, 전문가들에 따라서 1월이나 10월이 적기라고 하는 견해가 있다. 배당주 펀드는 전체 수익률이 배당수익 자체보다는 주식시장 상황에 따라 좌우된다. 따라서 장기적으로 주식시장이 상승세로 보인다고 판단하는 시기가 배당주 펀드에 투자하는 적기인 것이다.

배당주 펀드로 수익 올리기

정부의 시가배당제 활성화 방침과 기업 주주에 대한 이익환원 전략에 따라 각 기업의 배당성향이 높아지자 고배당 종목에 집중 투자하는 배당주 펀드의 관심이 더욱 높아지고 있다. 배당 투자 펀드는 배당률이 높은 유망종목에 집중 투자하는 펀드다.

개인이 직접 고배당 주식을 매입할 수 있지만 배당투자도 직접투자보다는 투신사의 배당펀드를 활용하는 간접투자가 안정적인 수익을 올릴 수 있다는 게 전문가들의 지적이다.

이는 기관투자가들이 개인보다 상대적으로 정보 수집과 분석 능력이 강하기 때문이다. 배당 계획을 발표한 뒤 실제 배당을 미루는 기업들이 많아 과거 배당을 기준으로 개별종목을 직접 투자할 경우 배당수익은커녕 주가하락으로 인한 낭패를 볼 수도 있다.

일반적으로 배당 전용 펀드는 찬바람 불기 전인 8~9월이 가입 적기라고 한다. 에너지 관련 기업들이 주로 고배당을 하기 때문에 이들 종목들의 주가가 오르기 전인 이때가 낮은 가격에 살 수 있는 최적기이고, 우리나라 대부분의 기업들이 12월에 결산한 후 배당금 지급이 다음해 3월 이전에 이뤄지기 때문이다.

채권수익률에 플러스 알파인 공모주 펀드

공모주 펀드는 채권형 펀드에 만족하지 못하여 약간의 위험을 부담하더라도 추가로 수익을 얻고자 하는 투자자들에게 어울리는 펀드이다.

공모주 펀드는 펀드 자신의 대부분을 국고채 등 신용등급이 높은 우량채권에 투자하고, 나머지를 공모주 등 주식에 투자하는 일종의 혼합형 펀드이다. 여기에는 주식이 일부분 편입되므로 정기예금이나 순수 채권보다는 기대수익률이 높고 주식형 펀드에 비해서는 훨씬 안정적이라는 장점이 있다.

실제 공모주 펀드의 아이디어는 간단하다. 공모주가 주식시장에 상장되면 공모가 이상으로 가격이 오르는 경향이 있기 때문에 일단 공모주를 배정받으면 큰 위험 없이 수익을 올릴 수 있다는 것이다. 이런 이유로 1년 내에 공모주에만 청약해서 돈을 버는 소위 '청약꾼'까지 생기는 형편이다.

그런데 이렇게 개인이 직접 공모주 청약을 통해 투자하는 것을 대신할 수 있는 것이 공모주 펀드 투자이다.

공모주 투자가 가능한 펀드는 CBO펀드, 하이일드 펀드, 공모주 투자 채권형 펀드 등 세 가지가 있으며, 이 중 공모주 투자 채권형 펀드는 공모주와 가타 주식을 약관상 30% 이하로 편입할 수 있어 채권혼합형으로 분류된다.

앞으로의 전망

현재는 주식시장이 활성화되고 앞으로도 그럴 가능성이 크다. 이런 시기에는 기업공개가 크게 증가되는데, 그럴 때는 공모주 펀드의 수익률이 높은 편이다. 따라서 많은 기업들이 기업공개가 예정되어 있을 때는 공모주 펀드에 가입하기에 적절한 시기라고 할 수 있다.

투자할 때 체크해야 할 사항

실제 공모주 펀드는 금리가 횡보하고 주가가 상승하는 시기에 수익률이 가장 높다. 2011년이 이 조건을 충족시킬 수 있는 가능성이 크므로 초보자들에게 좋은 투자상품이 될 수 있다. 그러나 공개되는 기업의 실적과 앞으로의 그 기업의 전망을 잘 파악하여 투자해야 한다.

주식형 펀드

주식시장은 변동성이 매우 큰 시장이다. 변동성이 크다는 것은 수익률의 변화가 크다는 것이다. 즉, 오를 때는 많이 오르지만 떨어질 때 역시 크게 떨어지는 특징을 가지고 있다.

그 예로 2007년 7월에는 두 번의 블랙 프라이데이가 있었다. 7월 20일 종합주가지수가 무려 −87.3%를 기록하면서 단 하루 만에 −80% 이상씩 하락한 것이다. 그러다 다음 해 같은 달 15일에는 57.5%나 상승했다. 놀이공원의 롤러코스트와 같은 시장을 연출한 것이다. 57%라는 수익률은 은행 정기예금에 10년 이상 묻어두어도 거둘 수 없는 수치이다. 주식은 이렇듯 변동성이 크기 때문에 펀드에서 주식을 얼마나 더 편입하고 덜 편입하느냐에 따라서 성과 차이가 크게 나타난다.

따라서 주식을 편입했다고 다 같은 주식형이 아니다. 펀드평가회사마다 주식형의 유형을 분류하는 기준이 조금씩 다르지만, 대체로 주식을 70% 초과하며 높게 편입하는 펀드를 성장형이라고 한다. 주식을 40% 이하로 낮게 편입하는 펀드는 안정형이라 하고, 주식을 40~70%로 성장형과 안정형의 중간 정도로 편입하는 펀드는 안정성장형이라고 한다. 이는 펀드가 가진 위험의 크기를 기준으로 분류한 것이다. 당연히 주식 편입 비율이 높은 펀드는 낮은 펀드에 비해서 수익률의 변화가 클 것이다.

　종합주가지수가 −5.73% 하락했던 8월 10일의 시장 종가를 반영한 성장형의 일일 수익률은 −5.14%였다. 그런데 같은 날 안정성장형은 −2.66%, 안정형은 −1.21%였다. 반면 주가가 4.85% 상승했던 19일의 시장 종가를 반영한 성장형의 일일 수익률은 5.15%, 안정성장형은 2.52%, 안정형은 1.06%였다.

　수익률의 변화가 컸던 유형별로 나열하면 성장형〉안정성장형〉안정형임을 알 수 있다. 수익률의 변화가 크다는 것은 곧 위험도 높다는 뜻이다. 하지만 위험이 높으면 기대수익도 크기 마련이다. 8월 10일에는 성장형이 가장 큰 타격을 받았지만 19일에는 가장 큰 수익을 거뒀음을 확인할 수 있다.

　일반적으로 성장형은 주식을 평균 85% 수준에서 편입한다. 안정성장형은 45%, 안정형은 20~25% 수준이다. 따라서 각 유형별로 주가가 급등락하는 날의 펀드수익률을 어림짐작하려면 해당일의 종합주가지수 등락폭 대비 각 유형의 평균 편입비를 곱해 펀드수익률의 등락폭을 대략 다음과 같이 계산할 수 있다.

종합주가지수 10% 상승 × 펀드의 주식편입비율 85%
= 예상수익률 8.5%

　만약 예상치보다 펀드수익률이 크게 벗어났다면 투자한 종목 중 특이종목이 있다고 해석할 수 있다.

주식형 펀드로 수익 올리기

        적은 돈으로도 효과적인 분산투자를 할 수 있다는 장점을 가진 간접투자는 장기적인 증시활황을 예견한다면 그 어느 때보다 관심을 둬야 한다. 2007년 들어 주식시장 상승과 함께 상승 분위기를 이어가고 있다.

    대세상승기에 유리한 인덱스 펀드에 관심을 가져야 한다. 인덱스 펀드는 증시가 대세상승기에 접어들 때 가장 확실한 수익률을 낼 수 있다. 인덱스 펀드는 KOSPI(종합주가지수) 200(시가총액 상위 200개) 중에서도 시가총액 상위 종목 위주로 구성되기 때문에 대형 우량주에 고루 분산투자하는 효과를 얻을 수 있다. 따라서 주가가 상승할 때 가입한다면 이론상으로 손해는 보지 않을 뿐만 아니라 주가상승 시에 오르는 만큼 수익을 낼 수 있다. 인덱스 펀드는 두 가지로 구분할 수 있다. 종합주가지수를 정확히 쫓아가고자 하는 순수 인덱스 펀드와 종합주가지수 대비 초과수익을 목표로 운용하는 진보된 인덱스 펀드이다.

    순수 인덱스 펀드의 운용 목표는 종합주가지수를 얼마나 잘 쫓아가느냐에 있기 때문에 펀드 내에서 파생상품(선물이나 옵션)의 사용은 거의 하지 않고 현물 주식에만 주로 투자한다. 이론적으로 인덱스(Index)를 추종하기엔 펀드에서 발생하는 각종 비용(매매수수료, 신탁보수 등)과 지수 구성 종목이 변경될 경우 포트폴리오 재조정을 해야 하기 때문에 인덱스를 추종한다는 게 여간 어려운 게 아니다.

채권형 펀드

채권형은 채권에 주로 85~90% 수준에서 투자한다. 나머지 자산은 유동성 자산이라고 해서 만기가 짧은 기업어음, 양도성예금증서, 콜 등에 투자한다. 주식형은 주식 편입 비율에 따라 성과 차이가 크게 나지만, 채권형에서 채권 편입 비율이 운용 성과에 주는 영향은 주식형만큼 결정적인 요소는 아니다.

채권형도 주식형처럼 채권 중에서도 어떤 채권에 투자하는지가 중요하다. 채권형 펀드에서 투자하는 채권은 발행 주체에 따라 국채, 지방채, 통안채, 특수채, 금융채, 회사채 등으로 나눈다. 국채는 우리나라 중앙정부가 발행하는 채권으로 지표채권인 국고채와 국민주택채권 등이 있다. 지방채는 지방자치단체가 발행하는 채권으로 서울도시철도채권, 상수도채권 등이 있다. 특수채는 특별법에 의해 설립된 기관이 발행한 채권으로 토지개발채권, 한국전력공사채 등이 있다. 통안채는 한국은행이 통화량 조절을 통한 통화관리 목적으로 발행하는 채권이다. 통안채는 금융채로 분류되기도 한다. 금융채는 금융기관이 발행하는 채권이며, 회사채는 상법상 주식회사가 발행하는 채권이다.

이 중에서도 금융채나 회사채는 신용등급에 따라 AAA에서 B 까지 세분화한다. AAA는 신용등급이 높은 채권이고 B는 신용등급이 매우 낮은 투기 등급 채권이다.

지표채권은 한국은행이 통화정책을 펴거나 기업이 장기투자 계획을 세울 때 표준금리 구실을 한다. 또한 다른 채권 가격이나 기타 금리를 계산할 때 지표채권에 개별 채권의 위험도를 반영한 가산금리를 더하기 위한 기준이 되기도 한다. 우리나라에서는 국가에서 발행한 국고채권이 지표채권 역할을 한다.

채권형 펀드에서 채권의 신용등급은 특히 중요하다. 채권은 시장에서 유통이 주식만큼 활발하지 않으며 쉽게 사고 팔 수도 없다. 만에 하나 신용등급이 낮은 채권을 샀는데 해당 기업이 부도를 내게 되면 보유한 채권은 휴지조각이 되고 만다. 당연히 이는 펀드투자자들의 수익률에 영향을 미칠 것이다. 그러나 신용등급이 낮은 채권은 이자가 높다는 유혹이 있다. 결국 높은 이자를 주는 채권의 유혹과 낮은 신용등급이라는 위험 사이에서 얼마나 균형을 잘 잡으며 투자할 수 있는가가 관건이다.

채권형 펀드를 국공채형과 공사채형으로 나누는 기준은 위에서 언급한 채권 중 어떤 채권에 투자할 것인가에 따른 분류이다. 국공채형은 신용위험이 없는 국공채나 통안채 위주로 운용을 한다. 부도 등 신용위험은 없어 안전한 대신 금리는 낮다. 반면 공사채형은 국공채는 물론 회사채에도 투자를 한다. 신용위험은 국공채에 비해 높지만 그만큼 수익도 크다.

투자의 양면성, 수익과 위험은 채권형 펀드에서도 예외일 수 없다. 참고로 국공채 3년물의 금리는 3.5~4.5% 수준이고, 회사채 BBB-3년은 8.0~10.0%이다.

이 밖에 채권형 펀드는 환매수수료 부과 기간에 따라 단기, 중기, 장기로 나누기도 한다. 그러나 일반적인 펀드의 경우 만기가 없으며, 특히 '펀드 만기=환매수수료 부과 기간'이라는 등식이 성립되지 않는다는 점에서 이러한 분류가 실질적인 의미를 가지지는 않는다.

적립식 펀드,
확실하게 알아보자

적립식 펀드는 정액투자 기법을 활용해 투자자신의 매입효과를 낮추는 효과로 인해 많은 투자자들이 재미를 보고 있다. 따라서 주식 투자자들에게는 권할 만한 투자이다. 그러나 이것도 제대로 알지 못하고 투자했다가는 낭패 보기가 십상이다.

대부분의 투자자들은 적립식 투자의 최대 장점은 '코스트 애버리징 효과'라고 귀가 따갑게 들었을 것이다. 즉 장기간 투자 시 평균 매입단가를 낮춤으로써 주식이 쌀 때는 많이, 비쌀 때는 적게 매수하여 손실비용을 만회하여 기대수익률을 높이는 것이다. 그렇다면 매월 적립식으로 투자하는 투자자가 월 중 주가가 가장 낮을 때 주식을 사게 되면 어떤 결과를 얻을 수 있을까? 또 월초 투자와 월말 투자에 발생하는 수익률의 격차는 어느 정도나 될까? 이를 세 가지 시나리오로 가정하면 다음과 같다.

❶ 매달 항상 고점에서 주식을 매수하는 경우: 최악의 투자
❷ 매달 항상 저점에서 주식을 매수하는 경우: 최선의 투자
❸ 매월 말 주식을 매수하는 경우: 보통의 투자

미래에셋투자증권은 위의 세 가지 시나리오별로 2006년 1월부터 2010년 12월까지 매월 주식을 매수한다고 가정하고 4년간의 누적수익률과 항상 저점에서 주식을 매수하는 경우의 다른 경우 대비 초과수익률 그리고 항상 저점에서 주식을 매수하는 경우의 누적수익률이 다른 경우보다 몇 배나 되는지를 비교 분석해보았다.

그 결과, 4년간 누적수익률이 가장 높은 것은 예상대로 저점에서 주식을 매수하는 방법이었고, 가장 성과가 저조한 것은 고점에서 주식을 매수하는 방법이었다. 코스피의 경우 저점을 정확하게 예상했을 경우의 누적수익률이 75%에 달해 고점에서 매수했을 경우의 수익률 62.5%보다 12.5%p 높았다.

그러나 48개월 동안 지속된 행운의 결과와 48개월 지속된 불운의 결과로 연평균 2.1%p, 매달 0.2%p의 초과수익률밖에 얻지 못했다는 것은 마켓타이밍을 완벽하게 해도 그 성과가 크지 않다는 것을 의미한다. 더구나 매월 저점에서 매수를 하는 방법은 마켓타이밍에 전혀 신경 쓰지 않고 매월 말에 주식을 매수하는 경우보다 누적수익률이 8.4%p밖에 높지 않았다. 48개월 동안 행운이 지속되어도 주가 움직임에 전혀 신경 쓰지 않은 경우에 비해 연평균 1.4%p, 매달 0.1%p의 초과수익률밖에 얻지 못하는 것이다. 매일 주가 흐름을 뚫어져라 봐가며 항상 최선의 선택을 했다고 가정해도 더 벌어들인 돈은 한 달에 1만 원당 10원꼴이란 얘기다.

더구나 매월 저점을 족집게처럼 알아낸다는 것은 거의 불가능하다. 따라서 매월 적립식으로 투자하는 투자자의 경우 주가지수의 저점을 판단해 투자하기보다는 정해진 날짜에 맞춰 정기적으로 투자하는 습관을 유지하는 것이 좋다. 다시 말해서 주식시장의 변동성이 높다고 해서 투자규모를 축소시키거나 감소시키는 것은 바람직하지 않다.

적립식 펀드로 수익 올리기

적립식 펀드는 주식이 상당 부분을 차지하기 때문에 반드시 장기적인 안목으로 투자해야 한다. 일반적으로 목돈을 모으기 위해서는 짧게는 1년, 길게는 7년 정도의 기간을 정하는데, 적립식 펀드는 최소 3년 이상의 투자기간을 설정하는 것이 투자성과를 높일 수 있는 방법이다. 따라서 노후자금 마련을 위한 연금에 가입할 때 좋은 방법은 적립식 펀드를 이용하는 것이다.

적립식 투자는 자산을 빨리 축적해 높은 수익을 추구하려는 투자자보다 자산을 천천히 만들어보려고 하는 투자자에게 적합한 투자 방법이다. 따라서 10년 이후 자녀의 교육비가 걱정되는 직장인이라면 미리미리 적립식 펀드에 가입해 차근차근 목돈을 마련하는 것도 좋은 투자방법이다.

사실 미국, 유럽 등의 선진국에서는 자녀가 대학 입학 등의 학자금으로 활용할 수 있도록 일찌감치 펀드에 가입하는 것이 보편적이다.

❶ 적립식 펀드 수익률은 달력에 따라 다르다.

요즘은 적립식 펀드를 모르면 간첩이라고 할 정도이다. 적립식 펀드가 우리나라에 펀드 열풍을 가져왔고, 주가지수를 1,600선까지 끌어올린 일등공신이기 때문이다.

적립식 펀드는 매달 적금 붓듯이 주식을 매달 나눠서 투자해 주가 등락의 위험을 분산하면서 장기적으로 안정적인 수익을 올리는 펀드다.

따라서 적립식 펀드에 가입하는 사람들은 자동이체 날짜만 잘 챙겨도 1~2%의 수익률을 챙길 수 있다.

❷ 자동이체, 월급날은 피한다.

매달 1일에 펀드를 넣는 사람이 26일에 넣는 사람보다 수익률이 평균 1.43% 높은 것으로 나타났다.

펀드평가사인 '제로인'이 2004년 4월부터 2007년 4월까지 3년간 10개 대형 적립식 펀드에 매달 1일에 넣을 때와 26일에 넣을 때를 비교한 결과 이러한 차이가 난 것으로 나타났다. 이런 조사를 하게 된 것은 회사의 월급날이 거의 21~25일이기 때문이다.

수익률 차이가 가장 큰 펀드는 신영마라톤주식(A형)으로 1일에 돈을 넣은 고객은 64.09%의 수익률을 올렸지만, 26일에 넣은 고객은 61.85%의 수익률로 그 차이가 2.24%에 달했다.

날짜별 평균 수익률은 1일(53.28%)이 가장 높았고, 다음으로 10일(52.52%), 21일(52.44%), 20일(52.28%), 26일(51.85%) 순이었다.

월말에 수익률이 낮아진 것은 이때쯤 돈이 펀드로 들어오면서 주가가 올랐다가 월초에는 떨어지는 경우가 많기 때문이다.

❸ 숨어 있는 환매수수료에 유의하라.

한꺼번에 목돈을 맡기는 거치식 펀드는 가입 후 3개월이 지나면 중도에 환매를 하게 되더라도 수수료를 내지 않는다. 그러나 적립식 펀드는 다르다. 만기가 3년이고 환매수수료 부과 기간이 3개월짜리 적립식 펀드에 가입한 다음 사정이 있어서 24개월 만에 환매 처분하려고 했을 때 수수료를 내지 않아도 된다고 생각한다면 큰 착오이다. 최근 3개월 동안 낸 돈에서 거둔 이익의 70%를 운용회사에서 떼간다.

즉 매달 100만 원씩 2년간 총 2,400만 원을 넣었다면 최근 3개월간 낸 300만 원을 굴려 얻은 수익의 70%를 판매수수료로 운용사가 가져간다는 뜻이다. 따라서 만기 약정을 하지 말고 가급적 짧게 가져가는 것이 유리하다.

인덱스 펀드

인덱스 펀드는 지수 수익률을 목표로 하는 펀드이다. 지수라는 것은 여러 가지가 있을 수 있으나 가장 대표적인 것으로는 종합주가지수와 KOSPI200이 있다. 만약 종합주가지수가 25% 상승했다고 하면 펀드도 지수 상승률 만큼인 25%의 수익률을 거두기 위해 노력한다. 더도 말고 덜도 말고 지수만큼의 수익률을 내기 위해서 지수를 졸졸 따라다닌다고 해서 인덱스 펀드를 패시브 펀드라고도 한다.

펀드매니저는 펀드수익률이 지수수익률을 충실하게 따라갈 수 있도록 노력한다. 인덱스 펀드는 펀드 운용에 있어서 펀드매니저의 주관을 배제한다. 그 바탕에는 펀드매니저는 시장을 이길 수 없으며, 주식시장은 장기적으로 상승한다는 믿음이 깔려 있다.

이는 지수보다 더 높은 수익률을 목표로 업종과 종목 발굴을 위해 노력하는 액티브 펀드와 상반되는 개념이다. 일반적인 성장형 펀드는 액티브 펀드에 속한다.

인덱스 펀드는 다시 지수보다 조금 더 높은 수익률을 추구하는 인핸스드 인덱스 펀드와 순수하게 지수 수익률만을 따라가는 순수 인덱스 펀드가 있다. 우리나라에서는 인핸스드 인덱스 펀드가 주종을 이룬다.

인덱스 펀드의 신탁보수는 일반 액티브 펀드보다 낮다는 특징도 있다. 펀드 운용과 관련된 비용 측면에서 보면 액티브 펀드의 경우 업종 및 종목 발굴을 위해 만만치 않은 리서치 비용이 드는 데 비해 인덱스 펀드는 특별히 리서치 비용이 들지 않기 때문이다. 또한 지수를 충실히 따라가야 하는데 보수가 높으면 그만큼 펀드수익률이 지수보다 낮아지기 때문이기도 하다.

인덱스 펀드는 매니저의 주관이 펀드 운용에 관여되지 않으면서 주식시장 상승률만큼의 성과를 내기를 기대하는 투자자들에게 적합한 펀드이다.

코스닥 펀드

코스닥 펀드는 말 그대로 코스닥 주식에 투자하는 펀드이다. 그러나 코스닥 펀드라고 해서 모두 코스닥 주식에만 투자하는 것은 아니다. 오히려 거래소 종목에 대한 투자비중이 더 높은 펀드들도 있다. 1999년 주가가 상승하고 벤처 열풍이 시장을 휩쓸면서 경쟁적으로 생겨났던 코스닥 펀드는 2000년 거품이 빠지면서 급격한 쇠락의 길을 걷게 된다.

따라서 코스닥 펀드 내의 투자비중도 코스닥 종목에서 거래소 종목으로 옮겨가게 됐다. 이러한 영향으로 코스닥 펀드 수익률도 종합주가지수와 코스닥지수 수익률의 평균 정도로 나타나고 있다.

한편 코스닥시장은 침체된 코스닥시장을 활성화하고 투자자들의 시장에 대한 신뢰를 높이기 위해 2004년 1월 26일부터 코스닥 종목 중에서도 재무 안정성, 경영 투명성, 유동성 등 3개 조건이 일정 수준 이상을 만족시키는 30개 종목을 가지고 스타지수를 산출하고 있다. 그리고 몇몇 운용회사에서 이러한 스타지수에 편입된 종목을 중심으로 투자하는 펀드들도 만들어 운용하고 있다.

후순위채 펀드, 하이일드 펀드

하이일드와 후순위채 펀드는 모두 투기채 펀드이다. 투기채란 기업의 신용등급이 BB 이하로 투자위험 및 상환불능 가능성이 높은 등급의 채권을 말한다.

하이일드와 후순위채 펀드는 1999년 대우채 사태 이후 채권시장이 급속도로 냉각되면서 나온 정책 상품들이다. 투자자들이 신용등급이 낮은 채권은 거들떠보지도 않으면서 채권시장이 고등급 채권시장과 그 외 시장으로 완전 이등분되어 버렸던 것이다. 따라서 신용등급이 낮은 회사들의 채권도 거래될 수 있도록 하기 위해서 하이일드와 후순위채 펀드가 탄생했다.

하이일드 펀드는 신용등급이 BB+ 이하인 채권과 B+ 이하인 기업어음에 50% 이상 투자하도록 되어 있다. 그러나 등급이 이마저도 되지 않는 B, C, D급 채권들은 여전히 문제를 안고 있었다. 투신권의 이러한 채권들을 한 데 집합하고 새로운 채권을 만든 것이 후순위채이다. 후순위채는 자산유동화증권의 일종이다.

원래 후순위채란 채권을 발행한 기업이 파산했을 때 채무에 대한 변제 순위에서 일반 채권보다는 뒤지나 우선주나 보통주보

다는 앞서는 채권으로 일반 채권보다 금리가 높다는 장점이
있다.

　이렇게 후순위채 펀드에 들어가는 후순위채는 높은 금리 수준
에다 장부가로 평가하기 때문에 투자자들의 구미를 당길 수 있
었다. 여기에 하이일드와 후순위채 펀드에는 공모주 우선배정권
까지 주어져 투기채에 부담감을 느끼는 투자자들을 끌어모으는
데 일조했다.

　하이일드와 후순위채는 투기채권 및 후순위채 의무 편입비중
에 따라 뉴하이일드 A, B, C, D형 및 비과세 고수익 펀드 등 다
양한 이름으로 만들어졌다.

부자들이 선호하는
투자방법 '펀드랩'

목돈을 한꺼번에 투자하는 거치식 투자는 자칫 한 펀드에만 가입해 낭패를 보는 경우가 다반사이다. 예를 들어 언론에서 중국펀드의 수익률 전망이 좋을 것으로 예상된다는 보도를 보고 중국펀드에 1,000만 원을 '몰빵투자'했는데 수익률이 20% 떨어지면 투자자는 울화통이 터질 것이다. 이같이 언론이나 주변 투자자들로부터 잘못된 정보를 받아들여 몰빵투자를 하지 않기 위해서는 어떻게 해야 할까?

현명한 투자자라면 증권사나 투자자문사, 은행 등을 방문해 전문가와의 상담을 거쳐 투자상품을 선택할 것이다. 하지만 전문가가 찍어주는 투자상품마저도 미심쩍다면 증권사가 판매하고 있는 '펀드랩' 상품을 이용해보는 것도 괜찮은 투자방법이다.

'펀드랩'은 '랩어카운트' 유형 가운데 하나로, 고객이 맡긴 자산을 전문가가 여러 펀드에 적절히 알아서 분산투자해준다. 펀드는 자산운용사의 펀드매니저가 운용을 담당하지만 펀드랩은 증권사의 자산관리사가 운용한다.

펀드랩이 펀드보다 수수료가 비쌀 것 같지만 둘 다 운용 수수료가 자산평가액의 1~3% 내외로 큰 차이가 없다. 초기 펀드랩은 고액 자산가를 겨냥한 서비스로 최소 가입금액이 5,000만 원에서 1억 원 수준이었지만 최근에는 최소 가입금액을 10만 원 수준까지 낮춰 적립식 형태로 운용하는 서비스까지 등장해 일반 소액투자자들도 쉽게 접근할 수 있다. 다만 펀드랩은 안정성과 자산배분에 초점을 맞추고 있기 때문에 강세장에서는 오히려 개별 펀드에 가입한 것보다는 수익률이 낮을 수 있다는 단점이 있다. 또 30~90일 이전에 환매할 경우 이익금의 최고 70% 환매수수료가 부과되기 때문에 3개월까지는 투자자산 비중 조절(리밸런싱)이 사실상 힘들다.

펀드랩 상품은 증권사마다 종류도 다양하고 최소 가입금액과 보수도 천차만별이다. 따라서 각 증권사의 상품 특징을 잘 이해한 뒤 가입해야 한다. 우리투자, 하나대투, 삼성증권에서 출시한 상품들은 국내외 주식, 채권, 상품 등 다양한 자산별로 자산배분을 한 뒤 펀드로 포트폴리오를 짠다.

반면 대우, 미래에셋증권에서 제공하는 상품들은 지역별로 분류해놓고 투자자들이 취향에 맞게 선택할 수 있도록 했다. 최소 가입금액도 100만 원에서 5,000만 원까지 다양하고 랩 보수도 0.1~1.5%까지 증권사마다 다르다.

Tip 펀드랩의 장단점

· 장점

한 번의 가입절차로 펀드 분산투자 가능, 전문가의 포트폴리오 재조정, 당양한 펀드상품에 투자

· 단점

가입 후 30~90일 미만 환매 시 이익금의 최고 70%에 달하는 환매수수료 부과, 재조정 주기가 최소 3~4개월이기 때문에 강세장에서는 개별 펀드보다 수익률 떨어질 수 있음

앞으로의 전망

2010년 자산가들에게 가장 인기 있었던 상품은 역시 자문형 랩 상품이었다. 그리하여 국내 주식형 펀드의 환매는 계속되었지만, 자문형 랩 상품에 대한 가입은 지속적으로 늘어나 현재(2011년 1월 10일) 4조 원으로 증가했다. 금년에도 자문형 랩에 대한 가입은 지속적으로 늘어나 가입 규모를 2배 이상으로 보고 있다.

각 증권사별 펀드랩 상품 현황

상품명	증권사	최소 가입금액
부자베스트 펀드랩	대신	1,000만원(거치식)/월 10만 원(적립식)
우리가족 꿈나무 적립식	동양종금	월 10만 원
프리미엄셀렉션 펀드랩	미래에셋	1,000만 원(거치식)/월 100만 원(적립식)
간접형 아너스랩	삼성	2,000만 원(거치식)
마스터랩 추세형	대우	3,000만 원(거치식)
HR30 펀드랩	현대	1,000만 원(거치식)/10만 원(적립식)
옥토랩 펀드형	우리투자	5,000만 원(거치식)
빅트리 포트폴리오 랩	하나대투	3,000만 원(거치식)

자료:각 증권사

헤지펀드

'헤지'의 의미

       헤지펀드를 알아보기 전에 '헤지'라는 용어에 대해서 먼저 살펴보자.

헤지를 사전적으로 직역하면 '울타리'와 함께 '손실·위험 등에 대한 방지책'이라는 의미가 있다. 금융용어로 헤지는 후자에 해당한다. 재미있는 것은 헤지의 사전적 의미에 '양다리 걸치기'라는 뜻이 있다는 것이다. 헤지에 대한 매우 절묘한 뜻풀이가 아닌가 싶다. 연인 사이에서 양다리 걸치기는 이별을 대비하기 위해 또 다른 사랑을 마련하는 것으로 해석할 수 있다. 그러나 양다리 걸치기는 관리를 제대로 하지 못하면 하나의 사랑에 집중하는 것보다 더 큰 위험에 처할 수도 있다. 대외적인 평판도 무시할 수 없는 위험 요소이다.

이 개념을 그대로 펀드에 접목시켜 볼 수 있다. 펀드에서도 헤지를 적절하게 사용하면 위험관리에 탁월할 수 있지만 관리가 잘못되었을 경우에는 오히려 더 큰 위험에 노출된다.

펀드에서 헤지를 이용한 운용 전략은 매우 일반화되어 있다. 대부분 한 자산의 위험을 방지하기 위해 사용한다. 가장 대표적인 것이 선물이다.

예를 들어보겠다. 봄에 씨를 뿌려 가을에 수확하는 농산물이 있다. 문제는 가을에 이 농산물의 가격이 어떻게 될지 모른다는 것이다. 추수할 때 값이 폭등할지 폭락할지 모른 채 봄에 씨를 뿌리게 되는 것이다. 1년 농사를 짓는 데 가격이 어떻게 결정될지 모르고 일한다는 것은 매우 큰 위험이 아닐 수 없다. 물론 앞서 설명한 대로 다른 종류의 씨도 뿌려 위험을 분산시킬 수도 있다.

이러한 위험의 노출을 방지하기 위해 농부는 씨를 뿌리는 봄에 도매상인과 농산물의 가격을 미리 결정한다. 이럴 경우 농부는 가을이 되어서도 안정적인 수익을 거둘 수 있어 좋고 도매상인도 미리 매입가를 확정지을 수 있어서 좋다. 단, 이익과 손실의 문제는 별개이다. 농부의 입장에서는 가을에 농산물 가격이 상승하면 더 비싸게 팔 수 있음에도 그러지 못해 손해가 된다. 반대로 농산물 가격이 하락하면 이미 정해진 가격으로 팔기로 했기 때문에 이익이 발생한다. 하지만 그런 손익 개념을 떠나서 농부는 1년 농사를 안심하고 지을 수 있다는 점만으로도 정신 건강에 매우 좋을 것이다.

위의 예는 파생상품 중에서도 선물에 대한 내용이지만, 농부가 봄에 도매상인과 계약을 할 때 일정 돈을 지불하고 가을에 정해진 가격에 팔 수 있는 권리만을 가지고 계약을 할 수도 있다.

이해를 돕기 위해 예를 들어보겠다. 농부는 가을이 되면 배추를 도매상인에게 1,000만 원에 팔기로 하되, 원하면 팔지 않을 수도 있다는 조건으로 계약을 한다. 도매상인에게 당연히 불리한 계약이 된다. 그래서 계약 시점에 농부는 도매상인에게 100만 원을 미리 준다. 물론 가을에 농부의 계약 이행 여부와 상관없이 100만 원은 도매상인이 갖게 되는 조건이다.

그리고 가을이 되었다. 배추 가격이 1,100만 원을 넘어서면 농부는 도매상인에게 준 100만 원을 포기하더라도 더 비싼 가격에 시장에 내다 파는 것이 이익이다. 거꾸로 배추 가격이 1,100만 원보다 낮다면 농부는 도매상인에게 물건을 넘기는 것이 이익이다. 이를 옵션이라고 한다. 즉, 옵션은 권리를 사고 파는 상품이라고 이해하면 된다. 참고로 농부가 상인에게 준 100만 원을 프리미엄이라고 한다. 이 경우 배추 가격이 프리미엄을 합한 가격보다 더 높아야 농부는 이익이 생긴다.

그러나 펀드에서 운용 전략은 이보다 훨씬 더 복잡하다. 선물과 옵션을 혼합해 다양한 손익구조를 만들어낼 수 있다. 특히 선물이나 옵션 등 파생상품을 거래하는 비용은 매우 저렴하다는 장점이 있다. 주식 현물 100억 원을 사려면 100억 원이라는 돈이 필요하지만 파생상품은 이보다 훨씬 저렴한 돈으로 살 수가 있다. 미래에 잔금을 치르기 때문에 계약 당시에는 적은 돈으로 물건을 살 수 있는 것이다. 하지만 그 효과는 전체 물건값을 사는 것과 같은 효과가 있다. 이를 가리켜 레버리지 효과라고 한다. 즉, 적은 힘으로 무거운 물건을 들 수 있다는 것이다.

그러나 이러한 파생상품을 위험을 회피하기 위한 헤지용으로만 사용하지는 않는다. 레버리지 효과 등을 이용해 투기적으로 파생상품을 사용하는데, 이를 투기적 거래라고 한다.

헤지펀드에 대하여

앞에서 헤지라는 개념에 대해서 간략하게 설명했다. 헤지펀드는 이러한 운용 전략을 기본으로 한 펀드를 말한다.

헤지펀드는 1949년 미국의 알프레도 윈슬로 존스가 최초로 설립했다. 헤지펀드라는 말은 1950년대에 총체적인 시장 노출을 줄이면서 두 가지 기회를 획득하는 기초전략이라는 다소 서술적인 표현이 일반적인 고유 용어로 쓰이게 된 것이다.

알프레드 존스가 제시한 헤지펀드는 시장위험으로부터 펀드 수익률을 보호하기 위해 매도와 매수를 동시에 이용하는 방법으로, 헤징을 소개하면서 처음으로 레버리지를 이용했다. 헤지펀드는 공매도, 레버리지, 인센티브 수수료, 위험 분할이라는 일반적인 특징을 가지고 있다.

이러한 특징은 헤지펀드의 부흥기라고 할 수 있는 1990년대 들어와서 더욱 진일보하는 특징을 보인다. 즉, 전략 특성이 매우 다양해졌고 거의 참여하지 않는 지역이 없을 정도로 시장도 확대됐으며, 위험/수익 특성도 다양해졌다. 이렇게 진일보한 대표적인 헤지펀드에는 주로 통화거래 전략을 사용하는 조지 소르스의 퀀텀 펀드, 선물옵션 등 파생상품을 사용하는 줄리안 로버트

슨의 타이거 펀드 등이 있다.

헤지펀드는 투자자들로부터 개별적으로 자금을 모은 사모펀드 형식으로 법적 형태는 유한책임제이다. 그런데 전 세계 금융시장이 하나의 네트워크로 연결되고 자본시장이 개방되면서 국제적으로 금융혼란이 있을 때마다 헤지펀드라는 국제적 투기성 단기 부동자금이 문제가 되고 있는 것도 사실이다. 예컨대, 1992년 영국의 파운드화 폭락사태, 1994년의 멕시코 금융 위기, 그리고 1997년 7월 태국의 바트화 폭락사태 등을 헤지펀드가 주도했다고 알려져 있다.

이는 일반 뮤추얼펀드가 주식, 채권 등 비교적 안전성이 높은 상품에 투자하는 데 반해 헤지펀드는 주식, 채권만이 아니라 파생상품 등 레버리지가 큰 고위험, 고수익 상품에 적극적으로 투자하기 때문이다.

그러나 1990년대 들어서면서 헤지펀드에 새로운 추세가 나타나고 있다. 즉, 더 많은 투자자들에게 투자의 기회를 주고 헤지펀드의 장점을 적극 활용하는 것으로 펀드 오브 헤지펀드가 그것이다. 이것은 이미 설명한 펀드오브펀드와 같은 개념이다.

다양한 성격의 헤지펀드에 투자하는 펀드로서 전통적인 투자에서는 기대하기 힘들었던 분산효과를 달성하고 하락시장에서도 총체적인 위험을 감소시켜 결과적으로 시장 상승기와 하락기 모두 절대적인 수익 창출이 가능하다는 특징을 가지고 있다. 헤지펀드는 일부 부유한 고객만을 대상으로 하기 때문에 일반투자자들이 가입하기 힘든 데 비해 펀드 오브 헤지펀드는 투자자의 저변을 확대하는 효과가 있다.

헤지펀드는 글로벌 자산가들이 투자하는 주요 펀드이다. 전 세계의 다양한 자산에 분산투자하여 절대수익을 추구하는 사모펀드가 속속 한국에 소개되고 있다.

레버리지를 활용한 차입구조이거나 파생상품에 지나치게 투자하여 고위험, 고수익을 추구하는 것이 해지펀드이다. 그러므로 안정적인 투자를 선호하는 투자자들은 헤지펀드보다 사모펀드를 더 좋아하는 경향이 있다.

헤지펀드는 아직 공식적으로 국내에 설정하는 것이 불가능하므로 주로 해외의 헤지펀드를 재투자하는 '펀드오브펀드' 형식으로 국내에서 판매되고 있다.

이런 헤지펀드는 주식이나 채권뿐만 아니라 원자재 환율 등에 분산투자하기 때문에 변동성이 크지 않은 것이 특징이다. 높지 않은 위험을 감수하고서라도 어느 정도 수익을 추구하는 투자자에게는 적합한 상품이다.

사모펀드

최근 국내 굴지의 은행들이 외국계 은행이나 펀드로 매각되면서 민족 자본 육성에 대한 필요성이 급격하게 대두되고 있다. 특히 단기 차익을 노리는 외국계 펀드들의 국내 금융시장 잠식은 국가경제의 동맥 역할을 하는 금융의 특성상 많은 문제점을 노출하고 있기도 하다.

장기적인 선진 금융기법의 접목보다는 단기 차익을 노린 투기적 자본이 국내 금융시장의 구조적인 발전에 도움을 주지 않는다는 것이다. 도움이 되기는커녕 오히려 손실이 될 수도 있다는 우려가 높다.

이런 상황에서 국내 자본에 의한 사모주식펀드에 대한 관심이 고조되고 있다. PEF는 사적으로 자금을 모아 투자·운용되는 투자조합이다.

일반 펀드가 공모 및 분산투자를 특징으로 하는 데 비해 PEF는 사모 및 집중투자가 특징이다. PEF는 구조조정을 통한 가치 증대가 예상되는 주식을 사모 형태로 매입하여 기업 가치를 높이고, 이를 전략적 투자자에게 매각하거나 거래소에 상장시켜 투자금을 회수하는 펀드이다.

사모펀드를 포함한 일반 펀드들이 자본이득을 위한 투자인 데 비해 PEF는 기업인수·합병·경영권 참여 등을 통해 기업의 체질을 개선시켜 자본이득을 취한다.

현재 간접투자 업계에서 사모펀드라고 하면 주로 유가증권에 투자해 자본이득을 얻고자 하는 펀드를 일컫는다. 공모펀드가 불특정 투자자를 대상으로 하기 때문에 투자자 보호를 위해 엄격한 운용 제한이 적용되는 데 반해 일반 사모펀드는 50인 이하 투자자를 대상으로 하며 운용에 대한 제한이 없다. 일반적으로 사모펀드는 연기금, 은행, 보험회사, 일반 기업 등 운용 규모가 큰 투자자들이 단독으로 가입한다. 수익자가 혼자이기 때문에 다른 투자자의 눈치를 보지 않고 펀드 운용에 일정 부분 관여할 수 있으며, 투자에 대한 의사결정도 자유롭게 할 수 있다.

하루만 맡겨도
이자를 주는 MMF

　주식형 펀드가 수익률의 변화가 크다면 자금 부분에서 변화가 큰 펀드가 바로 MMF일 것이다. MMF는 'Money Market Fund'의 약자로, 우리나라 말로는 초단기 펀드 정도로 해석된다. MMF 펀드의 자금 유출입이 큰 데는 단 하루만 맡겨도 실세금리 수준의 이자를 주기 때문이다. 특히 펀드에서는 유일하게 장부가평가를 함으로써 거의 확정이자에 가까운 수익을 준다는 점도 인기를 끄는 원인 중의 하나이다.

　장부가평가란 채권을 매입하는 시점의 채권 가격에다 채권에서 확정으로 받기로 되어 있는 이자를 감안해서 채권의 가치를 평가하는 방식을 말한다. 즉 채권을 매입할 때 확정으로 채권에서 발생하는 수익을 계산하는 방식이라고 이해하면 된다. 장부가평가에 의할 경우 시장의 금리변동과 상관없이 일정한 이자를 받을 수 있어 은행의 정기예금과 비슷한 효과가 있다.

　장부가평가와 상대되는 개념으로 시가평가가 있다. 시가평가란 채권을 시장의 가격, 즉 시장에서 거래되거나 거래되기에 합당한 가격으로 평가하는 방식을 말한다. 장부가평가는 일별 채권 가격의 변화를 펀드 수익률에 반영하지 않는 반면에 시가평가는 주식처럼 일별 채권 가격의 변화를 펀드수익률에 반영한다. 단 MMF라 하더라도 보유채권의 장부가평가 수익률과 시가평가 수익률과의 차이가 0.5% 이상 벌어질 우려가 있으면 자산운용회사는 장부가평가를 시가평가로 전환할 수 있다. 쉽게 말하면 펀드가 가지고 있는 자산의 장부상 가치를 100원이라고 가정한다. 그런데 만약 이 자산을 현재 시장에서 내다 팔았을 때 95 정도밖에 벌 수 없다면 펀드의 가치를 100원으로 계산했던 것을 95원으로 낮춰서 거래하겠다는 것이다.

왜 이런 복잡한 방법을 사용할까? 기본적으로 시장에서는 95원밖에 하지 않는 물건을 투자자에게는 100원에 주고자 하는 데 문제가 있다. 투자자 중 일부가 펀드가 투자한 자산의 시장가치가 95원인 것을 알고 있다면 이 투자자는 서둘러 환매를 해서 100원을 받으려고 할 것이다. 그런 투자자들이 많을 경우 자산의 가치는 이제 95원도 채 되지 못할 것이다. 결국 환매하지 않고 남아 있는 고객들은 손해를 보게 된다. 이에 대한 대응으로 자산의 가치를 현실화시킴으로써 펀드에 남아 있는 투자자를 보호하고자 하는 것이다. 또 부화뇌동해 환매를 하게 되면 손해를 본다는 사실을 투자자에게 인식시킴으로써 대량 환매를 막고자 하는 의도도 숨어 있다.

하지만 지금까지 여러 차례 있었던 MMF 파동을 돌아보면 이러한 제도가 생각만큼 효과적이지는 못했다. 문제는 시장에서 거래되는 가격과 펀드에서 나오는 수익이 틀리기 때문에 투자자는 다른 투자자들이 행동하기 전에 먼저 움직이려는 욕구가 강하다는 것이다. 그리고 이러한 욕구가 하나의 군중심리로 부풀어질 경우, 아무런 문제가 되지 않을 만한 작은 충격에도 MMF 자금은 급격하게 요동치곤 했던 것이다. 그런데도 MMF는 하루만 맡겨도 실세금리를 준다는 점에서 이러한 위험을 가히 능가할 만한 경쟁력 있는 펀드상품이라 하겠다.

08

주목할 만한 국내 펀드 상품

SRI펀드, 수입률 짭짤해

SRI펀드란 환경을 중시하고 사회에 공헌하는 등 착한 기업에 투자하는 사회책임투자 펀드를 말한다. 이런 펀드들이 현재 국내 펀드의 수익률 평균을 웃돌고 있어 초보자들이 관심을 가지고 주목할 만하다.

금융정보업체인 에프앤가이드에 의하면 지난 1월 7일 기준으로 국내 '착한 기업'에 투자하는 SRI펀드의 수익률 평균 2.2%, 1개월 수익률은 2.26%를 기록했다고 한다. 같은 기간 국내 주식형 펀드의 수익률은 최근 1주 평균 수익률 1.6%보다 0.66% 높았고, 1개월 평균 6.84보다 0.4%가 더 높은 수익률을 나타냈다.

SRI펀드는 기업의 지배구조, 환경 경영, 근로자 권익 보호, 그리고 사회에 대한 기업의 공헌도 등을 종합적으로 따져 우수한 기업에 투자하는 펀드다. 아른바 '지속 가능 경영' 지표에 따라 포트폴리오를 구성하는 펀드다.

앞으로의 전망

중장기적으로 볼 때 SRI펀드에 대한 전망은 밝다. 한국뿐만이 아니라 전 세계적으로 SRI에 투자하는 자금이 늘어나고 있기 때문이다.

미국의 SRI펀드 자금은 2007년 말 2,020억 달러였으나, 지난해 말에는 3,070억 달러로 무려 3년 사이에 54%나 증가하였다.

이러한 현상은 투자자들에게나 기업들에게도 긍정적인 영향을 준다. SRI펀드에 투자하는 자금이 많으면 사회적 책임을 다하는 기업의 주식을 더 많이 사게 되고, 이로 인해서 이들의 주가가 올라 SRI펀드 수익률이 높아지는 긍정적인 순환이 계속된다.

투자할 때 체크해야 할 사항

SRI펀드를 고를 때 무엇보다도 자산운용사들의 실적을 눈여겨보아야 한다. 국내 SRI펀드에 들어 있는 기업들은 삼성전자, 포스코, 현대자동차 등 시가총액 상위에 들어 있는 기업들이다. 이렇다 보니 SRI에 포함된 종목은 비슷할 수밖에 없다. 따라서 어느 종목을 골라야 할지 투자자들은 혼선을 빚을 수밖에 없다. 최근의 SRI펀드 수익률은 많게는 10.9%에서 적게는 1.58%까지 큰 차이를 보인다. 따라서 투자자들은 SRI펀드를 고를 때 장기간 꾸준히 실적을 냈는지를 꼭 따져봐야 한다.

주요 SRI펀드 수익률

펀드명	총자산	1주	1개월	6개월	1년
미래에셋그린인덱스증권투자신탁A	362	3.73	10.90	23.74	36.15
마이트리플SRI증권회사(주식)Class-1	19	3.54	8.08	38.52	
KTBGREATSRI증권상장지수투자신탁	335	1.49	8.01	26.75	24.20
동양 Great Company(SRI)증권투자신탁1(주식)	147	1.89	7.54	20.71	21.91
산은SRI좋은세상만들이증권투자신탁 1(주식)A	60	1.92	7.54	20.71	25.01
국내 주식형 펀드 평균		1.60	6.84	22.12	21.62

원자재 펀드가 유망하다

지난 2011년 1월 3일 펀드평가사 제로인에 의하면 지난 해 가장 수익률이 높았던 펀드로, 특히 기초소재 원자재 펀드는 연평균 수익률이 29.7%로 국내 주식형 펀드(21.01%), 해외 주식형 펀드(8.01%)를 훨씬 앞질렀다. 이렇게 원자재 펀드 수익률이 높은 것은 연초 1온스당 100달러 수준이던 금값이 1,400달러를 돌파하는 등 금, 은, 동, 구리 등 귀금속 값이 일제히 상승하여 최고치를 갱신했기 때문이다.

원자재 펀드 중 가장 많은 수익률을 올린 것은 블랙록자산운용의 블랙록 광업주 펀드로 지난해 무려 26.25의 높은 수익률을 올렸다.

이 펀드는 호주 자원개발업체 리오틴토, 브라질의 광산기업 발레, 미국 금속업체 프리모토맥모란 등 산업광물 및 귀금속 생산을 주로 하는 기업의 주식에 투자하는 펀드이다. 또 JP모건 자산운용의 'JP천연자원펀드'도 지난해 31.38의 수익률을 올렸다. 천연자원 기업 가운데 초기 생산단계에 접어든 시추 기업과 생산 직전 단계의 기업에 주로 투자하는 펀드다.

앞으로의 전망

원자재 값은 새해부터 꿈틀거리기 시작했다. 글로벌 경기 회복이 본격화되면서 원자재 수요가 늘어나므로 가격도 오를 전망이다. 세계적인 투자회사인 골드만삭스는 미국의 양적 완화정책과 저금리로 인하여 2011년에는 국제 금값을 온스당 1,600달러까지 전망했다. 지난해 사상 최고치를 돌파한 국제 은값도 30달러를 넘어설 것으로 예상했다. 또 뱅크 오브아메리카 매릴린치 구리 값이 톤당 현재 9,600달러로 거래되고 있으나 앞으로 1만 2,000달러까지 오를 것으로 전망했다. 또한 석유값도 90달러를 넘는 원유값이 재고가 바닥나서 석유수출기구가 생산량을 줄일 것이기에 국제유가가 6개월 이내에 100달러 선까지 육박할 것으로 골드만삭스는 내다보았다. 이와 같은 원자재 상승에 대비한 유망 투자상품이 원자재 펀드이므로 2011년에도 매우 주요한 투자처가 될 것으로 전무가들은 예상했다.

투자할 때 체크해야 할 사항

원자재 투자상품의 전망이 아무리 장밋빛이라 해도 투자자들은 핵심 투자상품으로 취급해서는 안 된다. 어디까지나 20%를 넘지 않은 범위 내에서 제한적으로 투자하는 상품이어야 한다. 왜냐하면 가파른 상승세에 따른 가격변동에 대한 위험이 크기 때문이다. 따라서 장기투자 상품으로 고려해야 한다.

아래의 도표에서 알 수 있듯이 1년간 수익률은 안정적이었으나 3년 접어든 원자재 펀드 상품은 대부분이 마이너스를 기록했기 때문이다. 그렇다면 언제 투자하면 수익을 올릴 수 있을까?

원자재 가격이 바닥을 칠 때, 남들이 쳐다보지 않을 때 가입하는 것이 좋다. 원자재 가격이 곡소리가 날 때 투자하는 것이 아니라 그때부터 원자재 가격의 변동원인을 살펴보다가 충분히 확신이 설 때 분할매수를 시작하는 것이 바람직하다. 이때 유의할 것은 가입하고자 하는 펀드의 수수료를 확인하는 것이다.

주요 원자재 펀드 수익률

펀드명	운용사	순자산(원)	수익률(%)		
			3개월	연초이후	3년
블랙록 월드광업주 자(주식)	블랙록	2696억	19.45	26.25	
JP모건 천연자원 자(주식)	제이피모건	1825억	19.07	31.88	
우리글로벌 천연자원 1 [주식]Class A	우리	949억	15.82	9.86	−23.40
미래에셋맵스 로저스 농수산물지수 특별자산 (파생)종류B	미래에셋맵스	723억	20.65	40.28	−2.78
미래에셋맵스 로저스 Commodity 인덱스특별자산(파생)종류B	미래에셋맵스	599억	16.98	17.15	−16.65
도이치DWS 프리미어에그리 비즈니스 자(주식) Class A	도이치	385억	9.91	14.65	3.99
신한BNPP포커스 농산물 자 1[채권-파생](종류A1)	신한BNPP	294억	22.65	38.64	
삼성 WTI원유 특별자산 1 [WTI원유-파생](A)	삼성	242억	15.84	1.33	
산은 짐로저스 애그리인덱스 1 [채권-파생]A	산은	202억	17.28	34.75	

2010년 12월 31일 기준, 순자산 200억 원이상, 대표 클래스 펀드 대상 (자료:제로인)

금에 투자하는 방법

　　　　　연평도 포격으로 전쟁 위기가 감돌 때 금에 대
한 수요가 일시적으로 늘었다. 전쟁이 발발할 경우 금만큼 안전
한 자산이 없기 때문이다. 또 최근 물가가 상승하고 인플레이션
으로 식량과 에너지 가격이 폭동 기미를 보이면서 역시 금에 대
한 수요가 늘어나고 있다. 금은 원자재 투자대상으로 가장 좋은
상품이기 때문이다.

　원자재 투자방법으로는 두 가지가 있는데, 하나는 금에 투자
하는 것이고 그다음으로는 펀드와 ETF에 투자하는 것이다. 그렇
다면 일반인들이 금에 투자하는 방법으로는 어떤 것이 있을까?

첫째, 금괴를 직접 사는 것이다. 이 방법은 가장 전통적인 방법
으로 예전부터 우리나라 갑부들이 해오던 방법인데, 실물 금괴
를 사서 보관하는 것이다.

　신한은행에서 판매하는 순도 99.9%의 금괴 1kg 가격은 약
5,500만 원이다(2011년 2월 23일자). 부가가치세 10%를 포함하면
6,000만 원이다. 어른 손가락 두 개만한 크기가 6,000만 원이므
로 이동하기에도 간편하고 보관하기에도 좋아서 예로부터 부자
들이 선호하는 방법이었다. 신한은행은 그간 UBS가 제작한 금
괴를 수입해서 판매했으나 지난해부터 LS니꼬동제련에 주문하
여 제작한 것을 판매하고 있다. 물론 이 금도 국제적으로 순도와
규격 면에서 인증을 받은 것이다.

가격 면에서 1kg이 부담스럽다면 그 10분의 1인 100g짜리도 살 수 있다. 약 600만 원 하는 이 금괴는 강남 부자들이 선물로도 많이 이용하고 있다고 한다.

둘째, 서류로 금을 사는 방법이다. 이 방법은 소액으로 금에 투자할 수 있는 방법으로 신한은행, 국민은행 등에서 판매하는데 0.01 단위, 즉 약 5,500원으로 금을 살 수 있다. 펀드처럼 거치식으로 매입할 수도 있고 자동이체 형식으로도 가능하다. 이들은 모두 금융상품이므로 세계적인 금융대란과 같은 때 금 판매회사가 망해버리거나 내부 횡령으로 껍데기만 남을 수도 있으므로 전문가들은 종이 금이 아닌 실물 금을 권하는 것이다.

펀드와 ETF로 원자재 투자방법

ETF는 펀드를 주식 종목처럼 거래할 수 있도록 증권거래소에서 상장해놓은 상품이다. 국내에서 판매하고 있는 원자재 펀드 중 가장 규모가 큰 것으로는 2,875억 원의 블랙록월드광업주 증권자산투자신탁으로, 아직 원자재 펀드가 그렇게 많은 비중을 차지하지 않는다. 두 번째 큰 규모로는 'JP모건 천연자원 증권투자신탁'으로 금, 에너지, 기초금속, 대체에너지 등 여러 원자재 섹터에 투자하는 기업에 투자하는 주식형 펀드이다.

투자 시 유의할 점

원자재에 투자할 때에 주의할 점으로 다음과 같은 것들이 있다.

첫째, 원자재 투자는 곧 가격 변동이 큰 하이리스크 하이리턴의 투자라는 점을 명심해야 한다. 그런데 주식과 채권과의 상관관계가 낮으므로 장기투자 목적으로 분산투자 식으로 접근하면 위험은 줄일 수 있다.

둘째, 원자재 펀드는 '간접의 간접' 상품이므로 주식형, 파생상품형, 채권형 등 펀드의 형태에 따라 성과가 다를 수 있다는 점이다. 따라서 원자재 실물가격의 변동과 펀드 성과를 직접 비교하는 것은 적합하지 않다.

둘째, 원자재 펀드는 해외펀드(역외펀드)로 운용되기 때문에 환율변동에 따른 해지 여부, 환매기간(국내펀드의 환매기간은 3~4일이지만 해외펀드는 7~8일이다)을 고려할 필요가 있다.

원유펀드

국제 유가(WTI·서부텍사스유 기준)가 배럴당 90달러를 넘나드는 고공 비행을 계속하고 있다. 이에 따라 인플레이션 위험 방어용으로 원유펀드에 대한 관심도 늘고 있다. 실제 1999년 이후 미국 소비자물가지수(CPI)와 WTI 상관계수는 연간 0.82로 매우 높게 나타났다. 물가가 1만큼 올라갈 때 유가는 0.8만큼 올라갈 만큼 동행하는 흐름이 강했다.

하지만 원유펀드는 종류가 다양하고 각별한 주의가 필요하다고 전문가들은 지적한다. 주력 투자대상에 따라 크게 ▲ 원유선물펀드 ▲ 원유 상장지수펀드(ETF) ▲ 원유 관련 주식형 펀드로 나눠볼 수 있다. 본인의 투자 입맛에 따라 이들 원유펀드에 달리 접근하는 게 유리하다.

원유선물펀드는 중장기 투자가 필수인 상품이다. 펀드평가사 에프앤가이드에 따르면 선물펀드는 최근 6개월간 평균 16.45% 수익률을 기록했다. 같은 기간 WTI선물은 25.29%가 올랐다. 유가 상승 온기를 펀드가 충분히 소화하지 못했다는 얘기다. 주력 투자대상이 선물이기 때문이다. 원유펀드는 선물 만기 때마다

사들여야 해 수익률이 낮아질 수밖에 없었다. 이를 선물시장 '이 월(롤오버) 충격'이라고 한다. 다만 선물값이 비싸다는 것은 글로 벌 투자자가 유가를 정기적으로 밝게 보고 있다는 뜻으로도 해 석할 수 있다. 따라서 선물펀드는 중장기 투자가 필수다. 이보다 적극적으로 유가를 추종하고 싶다면 '미래에셋맵스 TIGER WTI 선물 ETF'와 같은 원유 ETF를 노리는 것도 방법이다. 이 상품은 기존 펀드처럼 매번 선물을 이월하지 않는다. 만기 때 최근 선물 과 가격 차이가 적게 나는 선물로 갈아타기 때문에 이월 충격을 줄였다. 에너지 관련주에 투자하는 주식형 펀드 역시 원유펀드 '대체재'로 볼 수 있다. 선물펀드에 비해 수익성이 좋은 편이다. 주요 에너지 펀드 6개월 평균 수익률은 28.03%로 선물펀드보다 11%포인트 이상 높다. 주요 펀드로는 '푸르덴셜 글로벌 천연자 원펀드', '신한 BNPP 포커스이머징 원자재펀드' 등이 있다. 에너 지 관련주에 투자하는 주식형 펀드는 주력 투자대상이 증시에 상장돼 있는 만큼 손실 가능성도 크다는 점을 함께 각인해야 한 다.

주요 에너지 펀드 수익률

(단위=%)

펀 드	3개월	6개월	1년
푸르덴셜글로벌천연자원증권전환정하 H(주식)	20.52	42.71	32.55
KTB글로벌에너지개발증권 (주식)	18.70	33.60	18.26
신한BNPP포커스이머징원자재증권자(H)[주식](종류)	15.00	34.94	16.29
IBK글로벌에너지원자재자 (주식)	15.13	30.54	14.51
미래에셋이머징천연증권자 1(주식)	13.07	23.87	13.87

원유선물펀드 수익률

(단위=%)

펀 드	3개월	6개월	1년
푸르덴셜글로벌천연자원증권전환정하 H(주식)	20.52	42.71	32.55
KTB글로벌에너지개발증권 (주식)	18.70	33.60	18.26
신한BNPP포커스이머징원자재증권자(H)[주식](종류)	15.00	34.94	16.29
IBK글로벌에너지원자재자 (주식)	15.13	30.54	14.51
미래에셋이머징천연증권자 1(주식)	13.07	23.87	13.87

펀 드	3개월	6개월	1년
삼성WTI원유특별자산 1[WTI원유-파생형]	9.81	16.03	1.73
미래에셋맵스TIGER WTI선물 ETF	10.52	–	–
한국투자WTI원유특별자산자 1(원유-파생형)(모)	10.22	17.58	3.49
메리츠WTI Index특별자산 1[원유-파생형]모	9.78	16.72	-0.90
한국투자WTI원유특별자산자 2(원유-파생형)(모)	9.73	15.49	3.35

미래에셋맵스TIGER WTI선물 ETF는 2010년 8월 상장. 14일 기준. 자료=애프앤가이드

농산물 펀드, 수익이 짭짤

지난 2010년 하반기부터 전 세계 곳곳에 가뭄과 홍수, 폭설 등 기상이변이 속출하면서 곡물을 중심으로 국제 농산물 가격이 치솟고 있다.

농산물 가격 급등은 물가 불안을 야기하는 주범으로 지목되지만 펀드 투자자 입장에서는 높은 수익률을 안겨주는 반가운 투자 기회다. 농산물 가격 상승 바람을 타고 농산물 펀드는 최근 6개월간 35%의 수익을 내는 등 수익률 고공 행진을 이어가고 있다.

펀드평가회사 에프앤가이드 집계를 보면 설정액 10억 원 이상인 1개 농산물 펀드가 최근 6개월간 평균 35.81%의 수익률을 올렸다. 금융, 럭셔리, 원자재, 그룹주 등 특정 산업군에 투자하는 테마 펀드 가운데 가장 높은 수익률이다. 작년 최고의 수익률을 올렸던 명품 브랜드 투자 펀드(럭셔리 펀드)의 수익률 30.82%를 넘어섰다. 최근 6개월간 해외 주식형 펀드의 평균 수익률은 16.02%로 농산물 펀드 수익률(35.81%)의 절반 수준이었다.

농산물 펀드 중에서도 농산물 가격에 따라 움직이는 파생형 펀드의 수익률이 농산물 관련 기업의 주식에 투자하는 주식형 펀드

수익률보다 상대적으로 높았다. 세계적 기상이변 형상으로 인해 지난해 하반기부터 급등한 농산물 가격이 파생형 펀드 수익률에 고스란히 반영된 것이다. 최근 6개월간 16개 농산물 펀드 중 수익률 상위 11개 펀드는 모두 파생형이었다. 우리애그리컬쳐인덱스플러스 C-1의 6개월 수익률이 48.69%로 가장 높았다. 신한 BNPP애그리컬쳐인덱스플러스(종류 A)도 40%가 넘는 수익률을 올렸다.

국제 농산물 가격이 오른 데는 이상 기후로 인한 공급 차질 등의 단기적 요인과 신흥국의 수요 급증 등 장기적 요인이 맞물려 있다.

국제 밀 가격은 지난해 47%나 상승했다. 작년 여름 세계 3위 밀 수출국인 러시아가 150년 만에 닥친 최악의 가뭄 여파로 밀수출을 전면 중단한 데다 전 세계 밀 수출량의 10% 이상을 차지하는 호주가 지난해 11월부터 폭우와 홍수로 물난리를 겪으면서 12월 한 달 동안에만 밀 가격이 15% 급등했다.

앞으로의 전망

지구촌 곳곳의 기상이변 뒤에는 동태평양 해역의 수온이 평년 0.5도 낮은 현상이 5개월 이상 지속되는 '라니냐 현상'이 숨어 있다. 반세기 만에 가장 강력한 것으로 평가되는 이번 라니냐는 남미 대륙의 아르헨티나와 브라질에는 가뭄 피해를 주고 있다. 세계 2~3위 콩·옥수수 수출국인 아르헨티나와 브라질에서 건조한 날씨의 영향으로 생산량이 감소하면서 지난 한해 콩과 옥수수 가격은 각각 34%, 52% 올랐다.

라니냐는 올 여름까지도 기승을 부릴 것으로 전망되고 있어 주요 농산물의 가격 상승 추세는 쉽사리 꺾이지 않을 것으로 보인다.

브라질과 아르헨티나는 2~4월에 성숙기와 수확기를 맞는데 라니냐 현상 때문에 4월 말에 콩과 옥수수를 출하하는 데 문제가 생길 가능성이 크다고 전문가들은 전망했다.

장기적으로 신흥 시장의 농산물 수요가 꾸준히 증가하는 점이 농산물 가격 강세를 뒷받침하고 있다. 중국의 경우 전에는 자체적으로 수요를 충당했지만 몇 년 전부터는 곡물 수입량을 대폭 늘려왔다. 중산층 인구의 소득이 늘면서 육류 소비가 증가하고 콩과 옥수수 등 동물 사료용 곡물 수요가 늘어난 탓이다.

투자할 때 체크해야 할 사항

2011년에도 농산물 펀드에서 지난해만큼의 수익률을 기대해도 괜찮을까?

전문가들은 농산물 가격이 기상이변과 투기자금 가세로 단기간에 급등했기 때문에 앞으로 더 급격히 오르지는 않을 것이라고 지적했다. 상승 추세는 이어지겠지만 단기 급등에 따른 조정을 염두에 둬야 한다고 전문가들은 조언했다.

초보자들은 농산물 펀드 투자를 장기적 관점에서 접근할 필요가 있다. 특히 중·장기적으로 봤을 때 파생형 펀드보다는 비료나 농기계 회사 등 농산물 관련 기업의 주식에 투자하는 게 더 유리할 것이다.

주요 농산물 펀드 수익률

펀드명	운용사	1개월	6개월	1년
우리애그리컬쳐인덱스 플러스 파생형 C-1	우리자산	4.32	48.69	24.51
신한BNPP애그리컬쳐인덱스플러스[채권-파생형](종류 A)	신한BNPP	5.76	47.13	34.19
미래에셋맵스로저스농산물지수(파생형)종류 A	미래맵스	5.50	47.11	37.48
도이치DWS프리미어애그리비즈니스(주식) Class C-1	도이치	2.06	23.61	12.60
마이애셋글로벌코어애그리증권투자신탁(주식) Class A	마이애셋	2.87	21.31	14.50

퇴직 연금펀드, 2~3개월마다 점검 필요

은퇴 후 생활을 위한 퇴직금을 대출금 상환 등 중도 정산에 야금야금 까먹는 직장인이 많다. 퇴직금을 잘 관리하지 못하면 직장에서 아무리 열심히 일을 했어도 빈손으로 직장을 떠나게 된다.

퇴직연금은 퇴직금을 은행이나 증권사, 보험사 등 외부 기관에 맡겨 퇴직할 때 연금 형태로 받는 제도이다. 따라서 이 제도는 퇴직금보다 노후 준비 성격이 강하다.

퇴직연금은 예금, 보험, 펀드 등으로 운용된다. 퇴직연금 시장이 커지면서 퇴직연금펀드에 대한 관심이 높아지고 있다.

퇴직연금은 확정급여형과 확정기여형으로 나뉜다. 확정급여형은 회사가 금융사에 돈을 맡겨서 운용되고, 확정 기여형은 회사가 적립해둔 돈을 개인이 선택한 금융상품에 넣어 운용한다. 퇴직연금펀드는 확정기여형에 가입한 사업장의 근무자들이 가입한다.

금융투자협회에 따르면 지난 2010년 7월초 퇴직연금펀드에 가입하여 맡긴 돈이 1조 3,020억 원으로 전체 연금펀드의 30%

를 차지하고 있다.

앞으로의 전망

　　직장인들이 퇴직연금펀드에 가입하는 것은 은행이나 보험사에 맡기는 것보다 높은 수익률을 기대하기 때문이다. 한국밸류10년투자 퇴직연금은 지난 12월 2일 기준으로 2년 수익률이 56.46%를 기록했다. 대부분의 순자산이 100억 원 이상인 퇴직연금펀드가 2년 수익률이 30%를 웃돈다. 위험성은 주식형 펀드보다 낮다. 전문가들은 강세장이 예상되는 2011년에도 퇴직연금펀드에 돈이 몰릴 것으로 내다보고 있다.

투자할 때 체크해야 할 사항

　　하지만 노후 준비를 목적으로 하는 만큼 퇴직연금펀드에 가입할 때에는 운용사의 운용 철학과 매니저의 투자 마인드를 꼭 체크해야 한다. 왜냐하면 투자기간이 길 수 있기 때문이다.

　또 2년 정도를 목표로 2~3개월마다 재점검하는 것이 좋다.

　'미래에셋퇴직 친 플랜다이어 업종 40'이나 '신한 BNPP퇴직연금브릭스플러스40' 등 최근 자산운용사들이 새로 선보이는 퇴직연금펀드 등은 살펴볼 만하다.

　무엇보다도 예금, 보험보다 위험성이 높기 때문에 금융회사에서 정기적으로 상담해보는 것이 좋다.

퇴직연금펀드 수익률 현황

펀드명	운영사	순자산	1개월	3개월	1년	2년
한국밸류10년투자퇴직연금	한국투자밸류자산	800	-0.19	5.64	16.21	50.46
KTB퇴직연금40자	KTB운용	155	0.60	4.64	12.22	42.07
KB퇴직연금40자	KB운용	397	0.01	4.56	15.23	45.47
마이다스퇴직연금40자	마이다스운용	720	0.71	5.01	11.69	41.81
신한BNPP퇴직연금자1	신한BNPP	125	0.83	1.49	6.92	15.87

압축포트폴리오 펀드

글로벌 금융위기 이후 부자들은 나만 할 수 있는 맞춤형 재테크를 선호하게 되었다. 큰 줄기를 따라가다가는 함께 망할 수 있기 때문이다. 세상이 망해도 나만은 살아야겠다는 부자들의 발상이다.

이런 추세를 반영하여 2010년 열풍을 몰고 온 것이 자문형 랩이다. 그리하여 주식형 펀드에서 빠져나간 돈이 대부분 자문형 랩으로 들어왔다.

자문형 랩의 인기에 대항하는 하나의 전략으로 일반 주식형 펀드와 좀 다른 형태의 펀드들이 탄생했다. 압축포트폴리오도 그 중의 하나이다. 이 펀드는 소수 종목에 치중하여 고수익을 추구한다는 점에서 자문형 랩과 닮은 형태이다.

압축포트폴리오 펀드는 이름 그대로 포트폴리오를 압축하여 30개 내외의 유망종목만 선정하여 그곳에만 투자하는 것이다. 국내 일반 주식형 펀드의 투자 종목은 50~100개이다.

현재 판매되고 있는 압축포트폴리오 펀드 가운데 운용자산 규모가 가장 큰 것은 KB자산운용의 'KB코리아앨리트 20' 펀드

(3,845억 원), 미래에셋자산운용의 '미래에셋플래티늄랩 펀드 (2,081억 원)', JP모건자산운용의 'JP모건코리아트러스트 펀드 (1,797억 원)'를 들 수 있다.

수익 면에서는 프랭크린템플턴투신운용의 'FT포커스펀드'가 두 각을 나타내고 있다. 1년 수익률은 47%, 2년 수익률은 170%에 이른다.

투자할 때 체크해야 할 사항

앞에서 설명했듯이 이 펀드는 소수 종목에 집중하기 때문에 종목분석 능력과 운용 능력이 수익률에 상당한 영향을 미친다. 따라서 가입 전에 자산운용사의 운용 철학과 운용 담당자의 능력, 그리고 과거 이력을 살펴보는 것은 필수적이다.

또 압축포트폴리오 펀드가 상승 장세에는 초과수익을 낼 수 있지만, 하락 장세와 조정기간에는 위험도가 높기 때문에 주의해야 한다. '뜬다'는 말에 성급하게 큰돈을 넣을 것이 아니라 분산투자한다는 마음으로 접근하는 것이 바람직하다고 전문가들은 말한다.

랩어카운트를 아는가?

지난해부터 올해 초까지 금융권 최고의 히트 상품 중의 하나는 랩어카운트다. 한국금융투자협회가 발표한 '2010년 증권 시장 자금동향 분석'에 의하면 랩어카운트가 지난해 11월 말 기준으로 35조 9,884억 원을 기록했다. 이것은 전년도(2009년) 대비 16조 281억 원(80.3%) 증가한 수치다.

그러면 랩어카운트란 무엇을 말하는가? 영어 단어 그대로 여러 종류의 자산운용 서비스를 하나로 싸서(wrap) 종합적으로 자산관리를 하는 계좌 또는 상품을 말한다. 그런데 이런 상품에 가입하기 위해서는 투자금액이 일정액 이상 되어야 한다. 왜냐하면 투자금액이 적으면 자산관리하기가 어렵고 노력하는 만큼 수익이 많지 않기 때문이다. 그러나 오늘날 랩어카운트가 보편화되면서 증권사들 간에 경쟁이 치열해지자 투자자들의 모집 기반을 확대하기 위해 1,000만 원까지 가입 모집 금액을 하향하고 있는 형편이다.

오늘날 랩어카운트가 투자자들의 관심을 끌면서 그 중에서도 인기가 좋은 것은 자문형 랩이다.

자문형 랩

자문형 랩이란 자산운용에 대하여 상담 서비스를 받고 그 대가로 수수료를 주는 상품을 말한다. 쉽게 말하면 이름도 복잡하고 종류가 수천 개에 달하는 펀드 중에서 어느 펀드가 수익을 올려줄지 잘 모르는 일반투자자들에게 자문, 즉 상담을 해주고 추천하는 상품을 말한다. 현재 주로 팔리는 자문형 랩은 투자 자문사들이 자문하는 형태의 상품인데, 이런 과정에서 자문사들이 주로 선호하는 상품을 가리켜 '칠공주'니 '사대천왕'이니 하는 신조어가 유행하고 있는 것이다. 그리하여 투자자들은 이들을 따라서 투자하기도 한다.

증권사들은 랩어카운트를 새로운 투자상품으로 인식하고 적극적으로 판매하고 있다. 일부 증권사들은 얼마 전까지 정부가 규제하고 있던 스폿 랩까지 판매하고 있다.

스폿 랩

스폿 랩이란 단기 목표 수익을 내면 곧바로 수익률을 확정하고 매도해버리는 것을 말하는데, 이것은 과거에 판매했던 스폿 펀드와 비슷하다. 스폿 펀드는 목표수익률을 예를 들어서 5%, 10%, 15%로 정해놓은 다음 그것을 달성하면 모두 팔아 환매해버리는 상품이다. 스폿 펀드는 과거 주가상승기에는 큰 인기를 끌었지만, 주가하락기를 맞이하여 주가가 급속히 하락하면 손실이 크기 때문에 역사 속으로 사라졌다. 게다가 이 상품은 단기투자에만 열을 올리기 때문에 주식시장의 안전성을 해칠 위험이 있어서 당국이 규제했던 상품이다. 그러한 상품이 스폿 랩이란 이름으로 바뀌어서 나타나 인기를 끌게 되자 결국 당국이 규제하기 시작했다.

투자자들이 유의할 점

랩어카운트가 인기를 끌면서 투자자들의 관심은 온통 그곳에만 몰려 있는데 이럴 때 투자자로서 유의할 점이 무엇인지 알아보자.

첫째, 최근의 상품이면 무조건 좋아하는 마음을 버려야 한다. 사람들은 최근에 생긴 상품이 과거의 상품에 비해 수익률이 좋을 것이라는 막연한 기대를 가지고 있다. 예를 들어서 최근 수익률이 좋았던 상품들이 앞으로도 좋을 것이라는 심리이다. 랩어카운트로 최근 10~15%의 수익률을 올리자 사람들은 그 경험에 빠져버리는 것이다. 그리하여 장기투자는 전혀 고려하지 않고 단기수익을 얻은 후 곧바로 재투자하는 방식을 택한다.

그런데 앞에서 지적했듯이 이런 단기적 투자 경향에 치우쳤던 상품이 바로 스폿 펀드였는데, 과거에 증권사들은 주가상승기에 계속 스폿 펀드로 투자자들을 유도하다가 주가가 하락하면서 어떤 상품보다도 더 투자자들에게 큰 손실을 주었다. 또한 단기수익을 목표로 한 상품이므로 회복도 그만큼 더뎠다.

둘째, 종목 선택에서도 신중을 기해야 한다. 지난해는 외국인이 선호하는 주식과 투자 자문사가 선호하는 상품이 시장을 이끌었다. 그런데 금년에도, 아니 앞으로도 계속 이런 추세가 이어질까? 그렇지 않을 것이라고 내다보는 전문가가 더 많다.

그 이유로는, 예를 들어서 투자 자문사가 A라는 종목을 선택하여 주가가 많이 올랐다고 하자. 주가가 오르며 이 주식은 처분해야 한다. 그런데 대부분의 증권사들이 동일 종목을 샀다고 하면 어떻게 될까? 어느 시점에 가면 그 주식은 더 이상 오르지 않을 것이다. 그러면 증권사들은 종목 수를 늘리거나 다른 종목을 찾아야 하는데 이것이 말처럼 쉽지 않다. 또 종목 수를 늘리게 되면 집중투자를 할 수 없게 되고, 매번 오르는 종목을 찾을 수 없다는 점을 고려하면 이것은 결코 쉬운 일이 아니다.

셋째, 마지막으로 투자자가 유의할 점은 주식의 상승과 하락의 순환과정을 연달아 찾을 수 있는 전문가가 없다는 것이다. 주식시장은 길게 보면 일종의 순환이 이루어진다. 즉 중소형주가 오른 후에 대형주가 상승하고 가치주가 약진한다. 반대로 성장주가 가치주에 밀리기도 한다. 증권사가 아무리 뛰어난 전문가들로 구성되었다고 하더라도 이런 순환의 과정을 연달아 찾을 수 있는 사람은 없다.

결론적으로 말해서 자문형 랩어카운트 투자자들은 기대수익률을 낮추거나 장기적으로 보고 자산배분을 하는 쪽으로 관심을 돌릴 필요가 있다. 투자에서 위험을 줄이면서 장기적으로 좋은 성과를 얻는 길은 유행이나 새로운 상품에 몰두하지 말고 내 몸에 맞게 자산배분을 한 다음 최소한 3~4년은 투자하면서 포트폴리오의 안전성을 높이는 것이다.

주목할 만한
해외 펀드

브릭스 펀드

새해부터 글로벌 주식시장은 선진국 경기둔화에 대한 우려에도 불구하고 코스피 2,000선을 넘어서면서 지속적으로 상승세를 유지하고 있다. 특히 지난 11월 3일 미국의 중앙은행에 해당하는 연방준비제도이사회가 발표한 양적 완화정책이 시장으로부터 호응을 얻으면서 유동성 팽창 정책에 따른 인플레의 우려에도 불구하고 주식시장은 빠른 속도로 상승하고 있다.

2008년 경제위기 이후 빠른 회복세를 보인 국내 경제는 물론 연초 이후 미국의 S&P지수가 10% 상승했고, 브라질, 러시아, 인도, 중국 등 4대국가에 분산하는 브릭스 펀드 수익률도 14%를 넘어섰다.

브릭스 펀드의 국가별 투자비중은 펀드에 따라 다소 차이가 있지만 보통 4개국에 평균적으로 25% 비중을 기본으로 하고, 시황에 따라 투자비중을 늘리거나 줄이고 있다.

브릭스 펀드에는 우리나라를 포함시키는 코브릭스 펀드가 있고, 중남미나 동남아 일부 국가를 포함시킨 브릭스 플러스 펀드 등 다양한 종류가 있다.

브릭스 펀드의 수익률은 신흥 4개국의 투자비중과 각국 주식시장의 상승률에 따라 브릭스 펀드 간에 차이가 있을 수 있다.

투자에 긍정적인 측면과 부정적인 측면

실물경기의 회복이 아직 불투명한 가운데서도 글로벌 주식시장이 상승세를 유지하면서 브릭스 국가의 주식시장도 가파른 상승세를 이어가고 있다.

현재 브릭스 펀드의 전망을 밝게 보는 이유는 다음 세 가지다.

첫째, 성장가능성이 있다. IMF(국제통화기금) 전망에 따르면 2011년에 미국, 유럽 등 선진 국가들의 성장세가 둔화되는 가운데 중국 등 신흥국가의 경제성장도 둔화되겠지만, 선진국보다는 높은 상승세를 유지할 것으로 보인다.

특히 중국과 인도는 각각 9.6%, 8.5%로 예상되므로 다소 변동이 있다하더라도 중장기로 투자하면 좋은 결과가 기대된다.

둘째, 인구가 많다. 인구는 경제활동의 기초로 곧 생산층, 소비층을 의미한다. 이런 면에서 중국과 인도는 빠른 경제 확장이 예상된다. 특히 경제가 탄탄하기 위해서는 젊은 층의 인구 비율이 높아야 하는데 이 두 나라 인구의 54%가 25세 이하의 젊은이들이다.

셋째, 자원이 풍부하다. 글로벌 경제는 침체와 회복을 반복하지만, 경제규모는 시간이 갈수록 커지고 있다. 이러한 상황에서 자원의 수요가 커지면 자원을 많이 보유한 국가가 유리할 수밖에 없다. 브라질과 러시아가 가장 주목받는 이유가 비로 이것이다.

어느 나라, 어느 시장에서도 낙관적인 면이 있는가 하면 부정적인 측면도 있는 법이다. 따라서 투자자들, 특히 초보자들이 브릭스 펀드에 투자할 때 체크해야 할 점으로는 다음과 같은 것들이 있다.

브릭스 펀드의 장점과 희망적인 전망에도 불구하고 간과할 수 없는 부정적인 측면은 우선 글로벌 경기가 예상보다 회복이 늦어지고 있다는 점이다. 이로 인해서 돈을 풀어 경기를 부양하는 유동성 국면이 계속되고 있다.

두 번째는 미국, 중국, 일본 등이 펼치는 환율전쟁이 좀처럼 실마리를 찾지 못하고 있다는 점이다. 이로 인해서 중국은 지속적으로 위안화 절상 압력에 시달리고 있다. 그 밖에 인도는 높은 인플레이션 압력과 재정수익의 적자, 러시아는 원유 관련 산업에 대한 지나친 의존도와 낙후된 금융 산업 등을 투자에 부정적인 측면으로 볼 수 있다.

앞으로의 전망

앞에서 우리는 브릭스 국가에 투자할 때 긍정적인 측면과 부정적인 측면을 함께 살펴보았다. 그러면 브릭스 펀드 투자에 대한 전망을 우리는 어떻게 볼 수 있을까? 또 전문가들은 어떻게 보고 있는가?

최근의 주가상승의 요인은 기업들의 실적 개선이 아니고, 유동성에 의한 상승이다. 하지만 앞으로 더블딥(경기가 회복하는 듯하다가 침체되는 현상)보다는 경기회복 전망에 무게가 실려 있는 만큼 정확한 비중으로 고려할 필요가 있고, 해외 펀드에 투자한다면 당연히 브릭스 펀드가 최고라고 할 수 있다.

투자할 때 체크해야 할 사항

위험을 무릅쓰고 높은 수익률만 바라본다면 브릭스 중에서 가장 수익률이 높을 것으로 기대되는 나라를 선택하여 투자하는 것이 좋겠다. 그러나 예측이 빗나가면 큰 손해를 볼 수 있다.

브릭스 펀드는 번갈아가면서 수익률에 큰 차이를 보이는 4개 국가를 동시에 취할 수 있는 좋은 투자 방법이다. 상승률이 높은 국가의 성과를 상승률이 낮은 국가와 상쇄시켜 위험을 줄일 수 있는 좋은 투자방법이다.

새롭게 해외 펀드에 투자하려는 투자자들은 브릭스 펀드 비율이 너무 높지 않도록 유지하고 나머지는 국내 펀드나 안전자산으로 옮기도록 하는 것이 좋은 방법이다.

주요 브릭스 펀드 수익률

펀드명	설정액 (억원)	설정일	수익률(%)					
			1개월	3개월	6개월	1년	3년	연초
슈로더브릭스증권자투자신탁A-1(주식)	25,073	20060213	5.0	9.6	19.5	10.2	-9.8	8.3
신한BNPP봉쥬르브릭스플러스 증권자투자신탁(H)[주식](종류A 1)	11,002	20070813	5.3	14.4	23.2	19.0	-21.2	14.1
미래에셋 BRICs업종대표 증권자투자신탁1(주식)종류A	4,654	20071114	5.6	14.0	25.6	19.6	15.5	.
신한BNPP브릭스증권투자신탁1 [주식-재간접형]	2,007	20060223	1.9	10.4	14.7	22.0	-22.2	14.4
신한BNPP더드림코브릭스증권자 투자신탁1[주식](종류A)	224	20080129	3.9	12.4	21.2	19.9	.	14.1
MSCI BRICs			4.3	10.1	16.7	14.1	-18.6	10.1
S&P500			5.6	8.9	5.1	14.9	-18.4	9.9

리츠펀드

세계 경기의 낙관적인 전망으로 해외 리츠(부동산투자회사) 펀드에 대한 관심이 높아지고 있다. 경기가 살아나면서 사무실 임대 등이 늘어나며 부동산에 투자한 리츠펀드의 수익률이 좋아지고 있다. 이는 인플레이션을 상쇄할 수 있는 대안이 되기도 한다.

리츠는 투자자의 자금을 모아 부동산에 투자하는 회사다. 이들 회사는 상가나 사무실에 투자하여 나오는 이익을 배당한다.

국내에서 팔린 해외 리츠 펀드는 해외 증시에 상장된 다양한 리츠의 주식을 사는 재간접 펀드다. 투자 지역별로 선진국에 분산투자하는 글로벌 리츠와 아시아와 호주에 투자하는 아시아 태평양 리츠, 일본 리츠 등으로 나뉜다. 리츠펀드는 2008년 글로벌 위기 때 직격탄을 맞았다. 하지만 2009년부터 서서히 부진을 털어내면서 지난해에는 아시아 태평양 리츠의 수지가 좋았다. 글로벌 리츠의 성과도 괜찮아 6개월 수익률이 10.1%로 주식형 펀드의 수익률을 앞질렀다. 최근 눈에 뜨이는 것은 일본 리츠이다. 지난해 상반기까지는 성적이 좋지 않았으나 반전에 성공하면서 순항하고 있다. 최근의 1개월 수익률이 7.78%, 3개월 수익률은 16.23%를 기록했다.

앞으로의 전망

이런 분위기로 간다면 올해는 미국과 일본 등 선진국 리츠펀드가 유망할 것으로 보인다.

오늘날과 같은 저금리 상황에서 경기 회복에 대한 기대감이 커지면서 수익이 늘어날 것으로 전망되고 있다. 내재가치에 대한 가격이 낮은 것도 리츠펀드의 또 하나의 매력이기도 하다.

반면에 지난해 강세를 보였던 아시아 태평양 지역은 다소 부진할 것으로 전망된다. 그것은 부동산 가격이 금융위기 수준 이상으로 회복한 홍콩이나 부동산 시장에 다소 거품이 있어 보이는 호주의 경우 투자자들에게는 좀 부담스러워 보이기 때문이다.

투자할 때 체크해야 할 사항

리츠 펀드는 투자 지역에 따라 수익률의 차이가 많이 있을 수 있다. '한화라살글로벌리츠'는 미국에 투자비중(52.87%)이 가장 높다. 그리고 호주(10.00%)와 영국(5.99%)이 그 뒤를 잇고 있다. 골드만삭스 글로벌 리츠펀드의 투자비중은 호주(47.35%)와 미국(22.39%), 홍콩(9.81%) 순이다. 해외 리츠는 부동산이 아니라 부동산 회사의 주식에 투자하는 것인 만큼 부동산 시황보다 주식시장의 영향을 더 많이 받는다는 사실을 초보자는 염두에 두어야 한다.

해외 펀드 투자 시 유의할 점

시장이 어떻게 변화될지는 누구도 예측하기 힘들다. 하물며 증권사나 운용사에서 내놓은 리포트 자료를 토대로 작성하는 매스컴의 기사를 곧이곧대로 믿으면 절대로 안 된다. 항상 여유 자금을 가지고 목적대로 재무 목표를 설정한 후, 목적 자금 달성을 위하여 포트폴리오를 구성하고 펀드를 선택해야 한다는 것을 잊지 말아야 한다.

해외 펀드는 포트폴리오에서 수익률을 높이기보다는 투자위험을 줄여주는 투자상품이다. 다시 말해 해외펀드에 투자하는 목적은 위험을 낮추고 안정된 수익률을 얻는 것이다. 따라서 해외펀드에 투자할 때는 다음과 같은 사항을 잊지 말도록 하자.

첫째, 해외 펀드 투자는 자산배분전략 차원에서 신중히 접근해야 한다. 아무리 브릭스 펀드가 좋다고 해도 전체 자산 중 50%를 투자해서는 안 된다. 그래서 가장 먼저 투자자들은 본인의 자산을 부동산, 주식, 채권, 현금성 자산 등으로 구분해 구성비율를 따져봐야 한다. 예를 들어 투자자의 현재 자산은 부동산 70%, 주식 3%, 채권 17%, 현금성 자산 10% 등으로 구성되어 있다. 총 자산 중 부동산의 비중이 지나치게 높으므로 이를 10% 이상 줄이고, 현금성 자산도 6개월 생활비 정도만 현금으로 보유하면 적정하므로 8% 이상 줄이는 것이 바람직하다. 이렇게 부동산과 현금성 자산에서 마련한 18%의 자금을 주식과 채권으로 다시 분산투자하면 된다. 이때 해외 펀드는 주식자산 중 20~30%를 넘지 않는 범위 내에서 투자해야 한다.

둘째, 해외 펀드 투자는 가능하면 지역 분산, 통화 분산이라는 전략을 사용해야 한다. 전 세계 수많은 국가 중에서 어느 국가의 주가가 앞으로 상승할 것인가를 예측하기란 불가능하다. 따라서 특정 국가에 집중적으로 투자하기보다는 가능하면 여러 국가에 분산투자하는 지역 분산 전략이 필요하다. 지역 분산에는 주가의 상관관계가 높은 브릭스 국가나 신흥시장에 대한 투자보다는 유럽이나 미국 같은 우리나라 주식시장과 비교적 상관관계가 적은 곳이 더 좋다.

또 국내에 판매되고 있는 해외투자펀드는 주로 달러를 기초로 하고 있다. 따라서 달러가 원화에 비해 약세(환차손실이 발생)를 보이면 투자수익률이 낮아지게 된다. 물론 경제전문가들이 달러가 장기적으로 약세를 보일 것이라고 전망하고 있으므로 환차손실의 발생 위험은 커져가고 있다. 이러한 위험을 방지하기 위해서는 스왑계약 환율위험을 없애고 금융기관과 선물계약을 맺기보다는 다양한 통화에 분산된 펀드를 가입하거나 그렇지 않으면 아예 환율위험을 무시하고 장기투자하는 것이 좋다.

셋째, 해외 펀드 투자를 할 때는 반드시 가치투자를 해야 한다. 아무리 경제성장률이 높고 기업들이 이익을 많이 남기더라도 주가가 지나치게 높아 과대평가되어 있거나 현재가 아니라 미래의 기업 수익성이 약화될 것으로 예상되는 곳에 투자해서는 안 된다. 따라서 해외 펀드 투자도 막연한 감으로 하기보다는 실적에 비해 주식의 가치가 저평가되었을 때 펀드를 매입하는 가치투자를 해야 한다. 아무리 경제성장률이 높을 것으로 전망된다 하더라도 주가가 내제가치에 비해 싸지 않으면, 즉 PER(주가수익비율)가 낮지 않은 상태에서 투자하면 곤란하다. 인도를 포함한 이머징마켓의 PER가 한때 역사적 고점을 넘어서 고평가되었다는 지적이 있었기 때문에 이런 신중한 주장을 눈여겨볼 필요가 있다.

넷째, 현금과 수수료를 고려해야 한다. 2009년 말까지 해외 투자 펀드에 대해서는 15.4%의 이자소득세가 면제되었다. 하지만 국내에서 설정된 해외 투자 펀드가 아닌 다른 나라에서 설정된 펀드(역외펀드)의 매매차익에 대해서는 세금을 내야 한다. 특히 펀드오브펀드 상품의 경우 수수료 부담이 커서 펀드 자체가 올린 수익률에 비해 실제로 손에 들어오는 돈은 상당히 적어질 수 있다는 점을 명심해야 한다.

다섯째, 해외 펀드는 환매 시 국가 간 시차나 환전 등의 문제로 국내 펀드보다 시간이 2~3일 정도 더 걸린다. 따라서 보통 환매 신청을 하면 영업일 기준으로 7~9일 후에 찾을 수 있으므로 자금 사용 계획에 차질이 없도록 해야 한다.

Tip 해외 펀드 성공 투자 법칙 일곱 가지

첫째, 투자 대상 국가의 정치 · 경제 상황을 알아보도록 한다.

둘째, 환율변동 위험을 줄이기 위해 선물환계약을 맺어둔다.

셋째, 펀드의 과거 수익률을 꼼꼼히 따져보아야 한다.

넷째, 세금과 수수료를 점검한다.

다섯째, 환매에 걸리는 시간을 확인해야 한다.

여섯째, 분산투자와 장기투자의 원칙을 반드시 지켜야 한다.

일곱째, 주위 분위기에 휩쓸린 투자는 절대 금물이다.

ACT

**The Secret of
Investment Fund**

10

매수
타이밍이
돈이다

적립식 펀드는
언제 투자하면 좋을까

적립식 펀드는 코스트 애버리지 효과(주식이나 채권을 사는 가격을 평균적으로 정한다는 뜻)를 보고 투자하는 것이므로 가입 시기를 처음부터 생각하지 말고 적금처럼 마음먹었을 때 가입하는 것이 좋다. 다시 말하면 현재의 주가를 생각하지 말고 자신이 투자하고 싶다는 생각이 들면 투자하라는 것이다.

유형 구분		지수 변화	누적 수익률
누운 S형		1,700→2,000→1,700 →1,400→1,700	10.9%
U형		2,000→1,700→1,400 →1,700→2,000	58.5%
누운 S형		1,700→1,400→1,700 →2,000→1,700	10.9%
A형		1,400→1,700→2,000 →1,700→1,400	−38.6%

옆의 표는 변동이 심한 주식시장에서 가입 시기별로 투자 결과를 단적으로 나타낸 것이다. 가입 후 하락했다가 다시 주가가 상승한다면 더욱 빛을 발하는 투자 원리를 설명해주고 있다. 투자자들은 보통 펀드에 가입하고 난 후 주가가 갑자기 떨어지면 불안을 느낀다. 그러나 이 도표를 통해서 볼 때 오히려 수익을 올릴 수 있는 좋은 기회이다.

U자형 모습일 때 최고의 수익률을 올리는 이유

그럼 왜 U형일 때 최고의 수익률을 올리게 되는 것일까? 그 이유는 다음과 같다.

처음 펀드에 가입할 때 매월 같은 금액으로 좀 더 많은 좌수를 매입하게 된다. 주가가 하락해 있기 때문이다. 추후에 주가가 오르면서 수익률이 오르고, 다음에 매입할 때는 처음보다 낮은 좌수를 매입하게 되지만 이미 사두었던 주식들의 가격이 올라 전체적으로 볼 때 큰 수익을 내게 되기 때문이다.

결론적으로 다시 한 번 강조하는 바이지만, 적립식 펀드는 가입 시기에 구애되지 말고 투자하는 것이 좋은데, 그러기 위해서는 단기적으로 시장 동향을 보지 말고 장기적인 안목에서 바라보아야 한다.

거치식 펀드는 언제 가입하는 것이 좋을까?

거치식으로 펀드에 투자할 때에는 가입 시기가 매우 중요하다. 왜냐하면 거치식 펀드는 투자 시점을 분산시키는 방식이 아니기 때문이다. 따라서 전문가들은 거치식 펀드투자 방법으로는 3:3:4 방식을 권한다. 3:3:4 방식은 납입하는 금액을 한 번에 전부 투자하지 말고 분산하라는 것이다.

예를 들어 1,000만 원으로 거치식 펀드에 가입하려고 한다면 처음에 300만 원을 가입하고 나머지 700만 원은 MMF 등단기 상품에 예치하고 있다가 시장 상황을 봐서 나머지 금액도 분할해 300만 원을 가입하고 추후 400만 원을 납입하는 방식이다.

주가 상승기에
펀드투자 비결

　금년(2011년)은 연일 코스피 지수가 사상 최고치를 갱신했다. 지난해(2010년) 코스피 지수가 사상 최고치를 넘나들면서 투자자들은 펀드에 집중했다. 그리하여 주식형 펀드가 유례없는 고수익을 올리면서 주식투자의 최고 인기 상품으로 부각되었다.

　주가 상승기에는 투자를 결심하고 있는 사람들 중에 소위 몰빵을 생각하고 있는 사람들도 있으나 이런 투자는 가장 위험이 크다는 것을 명심해야 한다. 이렇게 주가가 높을 때는 투자위험이 크므로 당신의 현재 투자 성향보다 한 단계 낮추는 것이 현명하다. 그리고 주가가 상승할 때에는 적립식이 거치식보다 수익률이 낮을 수가 있다. 따라서 정액 적립식 투자의 경우 평균 매입단가를 낮추는 것이 좋다.

　하락기를 지나 재상승기에는 높은 수익을 올릴 수 있고 또 상승이 이어지는 상승기에는 거치식 투자수익률에 비해 턱없이 낮은 수익을 올리게 되고 자금 효율성도 떨어지게 되므로 예비자금은 CMA에 잠시 넣었다가 조정기에 투자를 하는 것이 바람직하다. 그렇다고 무조건 기다리라는 것이 아니라 목표수익에 도달할 때까지 기다리는 'Bye & Hold'(펀드를 사서 팔지 않고 유지하는 기법)를 이용하라는 것이다.

'Bye & Hold' 기법을 이용하라.

'Bye & Hold' 기법을 설명하면 다음과 같다.

❶ 최초 투자 시 자금의 일부를 투자한다. 조정기에는 추가 투자를 한다.(첫 번째 투자)

❷ 수익률이 상승으로 이어져 최초의 투자시점에서 고점에 도달하게 되면 또 한 번 추가 투자를 하여 투자를 계속 유지한다.(두 번째 투자)

❸ 목표 지점에 도달하면 첫 번째 투자했던 자금을 재투자하기 위해서 회수하고, 재투자의 기회를 기다리다가 또 한 번이 조정기기 생기면 최초 투자 시의 예비자금과 지금 투자하려는 투자자금을 같은 비율로 재투자한다.

❹ 주가가 다시 상승하여 첫 번째 목표 자금을 초과하는 수익에 도달하면 남은 자금을 추가로 투자한다.

❺ 두 번째 목표 지점, 즉 최종 목표에 도달하면 두 번째 회수를 통하여 최종 이익을 실현하는 것이다.

위에서 설명한 것처럼 'Bye & Hold' 기법을 사용하면 자금을 몽땅 한 번에 투자하는 것보다 더 높은 수익을 달성할 수 있고, 쉽고 빠른 시일 안에 두 번째 목표에 도달할 수 있다.

초보 투자자나 봉급생활자는 주가상승기에는 욕심을 버리고 리스크가 적은 혼합형 펀드로 눈을 돌리거나 스타일이 다른 펀드 여러 개에 분산해서 가입하는 것이 좋다.

주가 하락기의 펀드투자 비결

투자는 기본적으로 주가의 움직임과 반대로 해야 효과가 크므로 주가가 지속적으로 하락할 때 저평가된 펀드를 매수하는 적극적인 방법으로 위험을 관리해야 한다.

펀드투자는 파생상품 투자와 달리 적어도 3년 이상을 지속해야 제대로 된 수익률을 얻을 수 있다는 사실을 대부분의 투자자들은 이미 알고 있으면서 막상 주가가 하락하면 밤잠을 설치거나 불안해 일이 손에 안 잡히고 결국 못 참고 환매해버린다.

이런 시기일수록 펀드투자자들은 주가 조정기에 적극적인 위험관리와 소극적인 위험관리 중 자신의 성향에 따른 방법을 선택해야 한다. 적극적인 위험관리 전략은 주가 하락기에 투자금액을 늘려서 나중에 큰 수익률을 기대하고 투자하는 것이다. 반면에 소극적인 투자자라면 주가가 더 떨어지기 전에 펀드를 환매해버리는 위험관리가 필요하다. 하지만 저금리와 고령화 시대에 내일을 준비하는 투자자라면 소극적인 투자보다는 적극적인 위험관리 전략을 통해 장기적인 이익을 추구해야 할 것이다. 주가하락기에 주의해야 할 점은 조정에 따른 유동성은 피해야 한다는 것이다.

결과적으로 성공 투자라 함은 위험관리도 중요하겠지만 잦은 등락에 아랑곳하지 않고 장기간 투자하는 용기와 인내력이라는 사실을 재차 강조하고 싶다. 주가하락기를 긍정적으로 해석하면 주가가 하락해 싸게 펀드를 매수할 수 있는 펀드투자의 최적기라고 할 수 있다.

추가매수와 증액의 전략을 구사하라

이런 주가하락기에는 추가매수와 증액으로 전략을 짜야 한다. 추가매수는 동일한 펀드에 월 적립액은 무시하고 일시적으로 추가로 투자하는 것이고, 증액은 매월 납입되는 금액을 늘리는 것이다. 여기서 또 한 번 강조되는 코스트 애버리징 효과는 주가가 낮을 때 증액과 추가매수로 그 효과가 극대화된다는 것이다.

예를 들어 A라는 주식을 50,000원에 100주를 샀다고 가정하자. 그런데 어느 날 갑자기 A 주식이 폭락하여 반토막이 되었을 때 25,000원에 100주를 더 매수함으로서 평균 매입단가를 낮추는 것이다.

결과적으로 100%의 상승이 아닌 50%만 상승한다고 해도 매입단가를 낮추는 효과로 인해 원금회복이 가능해진다. 이것이 바로 직접투자의 한 기법이다. 적립식 펀드는 장기적으로 적립식 납입을 통해 평균 매입단가 하락 효과가 발생하면서 최소 비용으로 최대 수익을 내는 효과로 수익을 높이게 된다.

따라서 적립식으로 투자하는 월급생활자들도 목돈이 생기면 자신이 투자하고 있는 펀드에 추가납입을 해 투자자금을 확대하고 증액하는 투자를 해야 한다. 적립식 펀드 투자자에게 있어 가장 수익률이 높은 경우는 '주가가 하락했다가 장기 상승할 때'이다.

이런 적립식 투자는 주가 하락 시에도 계속 투자를 지속한다는 가정을 깔고 있는 아주 매력적인 투자방법이고 앞으로 상당 기간 주가의 조정이 발생하더라도 적립식 투자를 장기적으로 지속, 유지하면 다음 주가상승기에 큰 수익률을 낼 수 있는 든든한 버팀목이 되어줄 것이다.

주가가 하락하면 중도에 환매를 하거나 펀드에서 손을 떼기도 하는데 어려운 시기일수록 투자계획에 따른 일관된 투자자세만이 성공 투자의 가장 확실한 길이라 할 수 있고, 펀드투자에 있어 일시적인 수익률 하락은 목표 달성을 위한 일시적인 고통이리 생각하고 장기투자와 분산투자를 하겠다는 투자의 초심을 굳건히 지켜나가는 자세가 필요하다.

지속적으로 등락할 때
펀드투자 비결

주가가 지속적으로 등락하거나 박스권에 머물 때에는 시장 상황에 크게 좌우되지 않고 안전성을 최우선으로 하는 오토시스템 펀드와 퀀트 펀드가 대안이 될 수 있다.

오토시스템 펀드는 펀드매니저의 주관적 판단을 철저히 배제하고 미리 설정된 기준에 따라 자동매매 주문이 이루어지도록 운용되는 펀드다. 오토시스템 펀드는 변동성을 활용한 독특한 전략으로 수익을 추구한다. 최초에 일정한 비율로 주식을 매수한 후에 자동적으로 주가가 오르면 여러 번으로 나누어 주식을 팔고 주가가 내리면 역시 주식을 나누어 매수하는 시스템이다. 또 최근(2010년)에 급부상한 퀀트 펀드도 좋은 대안이 되고 있다.

통계와 수치만으로
투자하는 퀀트 펀드

퀀트 펀드란 펀드매니저가 주관적인 판단으로 종목을 선정하거나 투자를 권하지 않고 단순히 기업정보를 통해 알 수 있는 통계와 수치를 통해 분석하여 투자하는 펀드를 말한다. 그런데 이런 퀀트 펀드의 수익이 높아 펀드투자자들의 많은 관심을 끌고 있다.

퀀트 펀드는 펀드매니저가 종목을 정하지 않는다. 즉 사람의 판단은 완전히 배제하고 오로지 여러 가지 조건을 정한 다음 그 조건에 맞는 종목을 선택한다. 다시 말하면 인간의 심리에 대한 오류는 최대한 없애고, 객관적 수치만으로 종목을 정한 다음 투자한다는 것이다.

현재 우리나라에 나와 있는 퀀트 펀드는 모두 5개로 이들 모두 주식형 펀드보다 높은 수익을 올렸다. 동양자산운용사가 내놓은 '동양아인슈타인'증권투자신탁 1(주식)A는 1년 수익률이 40.59%를 기록했다. 같은 기간 주식형 펀드의 수익률 28.01%보다 10% 이상 높은 수익률을 올렸다. 또 GS 골드스코프 퀀트 증권자투자신탁 1(주식 Class A)의 6개월 수익률이 20.82%로 같은 기간 주식형 펀드 수익률 13.56%를 크게 웃돌았다.

퀀트 펀드의 단점

펀드매니저나 인간의 판단을 완전히 배제하고 오로지 통계와 수치만으로 결정되는 퀀트 펀드에는 단점도 많다.

첫째, 퀀트 펀드는 외적 요인에 재빨리 대응하지 못한다. 즉 퀀트 펀드를 만들 당시 그다지 중요하지 않았던 변수들이 갑자기 생기면 수익을 올릴 수 없다. 예를 들어서 금리가 시장에서 큰 변수로 작용하고 있는데, 퀀트 전략에는 포함되지 않았다는 점이다.

둘째, 기업의 비전이나 경영자의 경영철학은 수치로 나타낼 수 없다는 점이다. 기업의 실적이나 앞으로의 전망은 그 해 기업의 비전이나 경영자의 철학과 방침이 많은 변수로 작용하는데, 그런 것은 결코 수치나 통계로 나타날 수 없기 때문에 퀀트 펀드에는 도저히 반영할 수 없다는 것이다.

11

펀드
환매하기

환매의 절차

펀드에서 돈을 찾는 것을 환매라고 하는데 환매는 크게 두 가지로 나누어진다. 펀드 만기가 돼서 찾는 경우와 만기가 되지 않았지만 돈이 급해서 찾는 경우이다. 전자는 환매수수료에 신경을 쓸 필요가 없지만, 만기 전에 펀드 환매를 할 경우 수수료가 얼마인지를 확인해야 한다. 여기서는 펀드 환매 절차와 환매 시 주의사항에 대해 알아보겠다.

환매 절차

은행에서 돈을 찾을 때는 출금신청을 하거나 현금카드로 은행 ATM기에서 바로 돈을 찾을 수 있다. 그러나 펀드의 경우는 돈을 찾는다는 신청을 해도 당일에 돈을 내주지 않는다. 왜 그럴까? 펀드는 현금이 아닌 주식이나 채권으로 자산을 보유하는 것이기 때문에, 환매신청이 들어오면 주식이나 채권 등을 팔아서 현금을 만들고, 이 현금으로 고객의 환매에 응하게 된다. 따라서 펀드에서 돈을 찾을 때는 3~4일이 걸리는 것이다.

채권펀드의 경우 월요일에 환매신청을 하면 수요일에 돈을 찾을 수 있고, 주식펀드나 혼합형 펀드는 목요일에 돈을 찾을 수 있다.

그러나 MMF의 경우는 당장 팔아 현금화할 수 있는 콜이나 CD, 기업어음 등 현금성 자산으로 자산구성이 이루어지기 때문에 환매를 신청한 당일에 돈을 출금할 수 있다.

환매 흐름도

구분	처리내용
제1영업일	고객 환매 청구
제2영업일	주식 또는 채권 매도
제3영업일	기준가격 확정, 채권형 환매대금 지급
제4영업일	주식형 환매대금 지급

중도환매 수수료

　　중도환매 수수료는 이미 말한 대로 펀드의 계약기간을 위반한 위약금이다. 펀드에 돈을 가입하고 수시로 입출금을 하면 펀드의 운용에 방해가 될 것이다. 따라서 펀드 운용의 안정성을 높이기 위해 이런 제도를 만들었다.

　　또 환매 수수료는 판매사나 운용사가 갖는 것이 아니라 펀드의 재산으로 편입되기 때문에 중간에 환매하면 기존의 펀드 가입자들에게만 좋은 일을 하는 셈이다. 따라서 꼭 필요한 돈이 아니면 중간에 돈을 찾지 않는 것이 좋다

　　보통 펀드 가입 후 기간에 따라 환매 수수료가 다르므로 가입 시 계약서의 설명서를 참조하자. 또, 수수료는 해당 기간에 발생한 이익금의 일정 부분을 위약금 형태로 물게 된다는 점도 알아두면 편리하다.

　　즉, 중간에 돈을 찾았는데 원금이 깨졌다면 환매수수료는 없지만 반대의 경우에는 이익금액의 일정부분을 환매수수료로 징수하게 되는 것이다.

　　중도환매 수수료는 펀드에 따라 제각각 다르지만, 일반적으로

'가입한 지 90일 이내 환매 시' 이익금의 70%, '180일 이내'는 이익금의 50%, 이런 식으로 수수료를 부과한다.

환매 수수료 부과 방법에는 크게 '정률제'와 '정액제' 두 가지 방법이 있다. '정률제'란 중도환매할 때 자신이 벌어들인 펀드 수익에 대하여 일정 비율로 부과하는 방법이다. 그리고 정액제란 환매하려는 금액(좌수)을 기준으로 일정 금액을 수수료로 빼내는 방법이다. 즉 '정률제'는 90일 이내 환매 시 이익금의 60%를 빼내고, '정액제'는 90일 이내 환매 시 1,000좌당 30원을 부과하는 것이다.

따라서 펀드에 수익이 많이 날 경우에는 정액제가 유리하다. 왜냐하면 정률제는 수익이 많이 나면 날수록 일정 비율로 떼어 가기 때문이다.

ACT

**The Secret of
Investment Fund**

12

좋은
펀드 운용사를
선택하자

독립계 운용회사에 주목하라

이번 장에서는 포트폴리오에 들어갈 펀드를 고를 때 어떤 점에 주의를 해야 하는가에 대해 이야기해보자. 어느 투신운용사가 운용하는 어떤 펀드를 고르느냐는 포트폴리오를 짜는 것 이상으로 중요하다.

펀드를 고를 때 판매회사만 보고 펀드를 운용하는 회사에 대해서는 신경 쓰지 않는 투자자가 많다. 그러나 펀드의 운용 성적은 운용회사에 달려 있다. 그렇다면 어떤 운용회사를 골라야 할 것인가? 결론부터 말하면 '독립계' 또는 독립적으로 경영이 이루어지는 운용회사의 펀드를 고르는 것이 성공 확률이 높다.

우리나라는 투신운용사 설립의 자본금 요건을 100억 원 이상으로 하는 등 진입장벽이 너무 높기 때문에 대부분의 운용사들은 대기업 그룹의 계열사이거나 금융기관의 자회사이다. 그것도 모회사의 필요에 의해 설립된 경우가 많고, 필요한 인원을 모회사에서 비슷한 업무를 하던 사람을 데려오거나 외부에서 스카우트한 사람으로 구색만 갖춰 설립하다 보니 운용사에 가장 필요한 운용 철학이 제대로 정립되어 있을 리가 없다. 이는 '운용업'

을 자본금과 사무실과 사람만 모아놓으면 간단히 할 수 있는 '업'으로 착각하고 있기 때문이다.

운용회사에서 가장 중요한 것은 운용 철학이고, 이를 뒷받침하는 것은 운용 시스템이다. 운용 시스템이 구축되어 일정 기간의 운용 성적이 나오면 이를 외부의 운용평가기관이 평가를 내린다. 투자자는 운용회사의 PR광고가 아니라 제3자의 평가기관이 내리는 평가기록을 보고 투자를 한다. 이것이 선진국에서 보는 운용회사와 투자자의 관계다.

그러나 우리나라 대부분의 운용회사는 조직에 뿌리내린 운용 철학을 갖고 있지도 않고 '장기간의 운용 성적에 대한 기록'도 없다. 따라서 운용평가기관으로부터 평가를 받지 못한다. 이러니 영업은 과대광고와 스타 매니저를 앞세운 마케팅 전략에 의존할 수밖에 없는 것이다. 그나마도 모회사의 필요에 의해 수시로 경영자와 펀드매니저가 바뀐다. 바뀔 때마다 새로 맡은 사람은 과거를 무시하고 새로 판을 짜서 다시 시작한다. 이런 운용회사에게 일관성 있는 운용 철학과 운용 시스템을 기대할 수는 없다. 독립계 운용회사에 주목해야 할 이유가 바로 여기에 있다.

과거 운용 성적을
너무 믿지 마라

　펀드투자에 성공하기 위해서는 펀드를 운용하는 회사의 선택이 중요한데, 그 선택이 말처럼 쉽지 않다. 운용회사의 내부를 직접 살펴볼 수 없는 일반투자자의 경우에는 투신평가회사의 자료를 참고할 수밖에 없고, 이들 평가자료는 대부분 과거 성적을 기초로 하기 때문이다. 이들은 같은 유형의 펀드 가운데 과거 1~3년간의 운용 성적 순위 또는 별 다섯 개 만점 중 몇 개 등으로 펀드 등급을 표시하고 있다. 제대로 된 운용 철학을 갖고 있는지, 펀드매니저가 바뀔 경우 운용 방침의 연속성을 확보할 수 있는 시스템은 구축되어 있는지 등의 내부구조적인 요소는 제대로 반영되지 못하고 있는 것이다.

　따라서 이러한 평가자료에서 높은 점수를 받은 펀드라 해도 그 펀드에 투자하면 틀림없이 좋은 운용성적을 얻을 수 있다는 보증은 없다. 그런데도 투자자들은 대부분 이 과거 성적표를 보고 투자하는 경우가 많다. 펀드 선진국이라고 하는 미국에서도 투신시장에 유입되는 자금의 80% 정도는 별 다섯 또는 별 넷으로 표시된 펀드에 유입되고 있다고 한다. 그러고는 별 다섯의 펀드에 투자했는데 손해를 봤다고 불평하는 투자자가 많다는 것이다.

그러나 펀드 평가는 호텔이나 레스토랑의 등급과는 다르다. 호텔이나 레스토랑의 경우에는 평가자의 주관에 따라 등급이 결정되기 쉽다. 그렇지만 높은 등급의 호텔이나 레스토랑에 가면 훌륭한 서비스와 맛있는 음식을 먹을 수 있는 확률이 매우 높은 것 또한 사실이다. 이에 비해 펀드에 대한 평가는 기본적으로 과거의 운용 성적을 객관적으로 순서를 매겨 간단한 부호로 표시하고 있을 뿐이다.

따라서 펀드평가회사는 실력이 없어서 좋은 운용 성적을 내지 못한 운용회사와, 실력은 있는데 운이 나빠서 일정 기간만으로는 좋은 성적을 내지 못한 운용회사를 구별해내기 위해 노력한다. 또한 장래에 뛰어난 운용 성적을 만들어낼 만한 실력을 갖추고 있는 운용회사와, 단지 운이 좋아서 일시적으로 좋은 성적을 낸 운용회사를 구별해내기 위해 끊임없이 노력한다.

평가 대상 운용회사의 주주 구성으로 볼 때 운용의 독립성과 일관성을 지켜나갈 수 있겠는가, 제대로 된 운용 철학을 갖고 있는가, 운용 조직은 안정적인가, 위험관리 시스템은 구비되어 있는가, 최고경영자·펀드매니저의 실력은 어떤가 등을 파악하여 '정성평가' 자료를 만든다.

그런데 이러한 정성평가 자료는 일반투자자가 구하기도 어려울뿐더러 구한다 하더라도 그 내용을 이해하기가 쉽지 않다. 결국 그 내용을 알기 위해서는 실력 있는 FP의 도움을 받지 않으면 안 되는 것이다.

자산운용의 주치의, 실력 있는 FP를 만나라

실력 있는 FP는 혼자서 모든 분야에 대해 전문적인 지식을 갖고 있을 필요는 없지만 다른 전문가의 협력을 받아서라도 종합적인 조언을 해줄 수 있는 능력은 있어야 한다.

또한 전문지식 못지않게 중요한 것은 비밀 유지다. 고객이 자문을 받으려면 자신의 보유자산 내역을 전부 공개해야 한다. 따라서 고객으로부터 신뢰를 받을 수 있어야 한다. 그러나 예전에는 이런 요건들을 모두 갖춘 전문가를 찾아 소개하기가 쉽지 않았다. FP 등의 명함을 가진 금융기관 직원들은 많지만 이들이 금융상품을 종합해서 조언해주는 경우는 거의 없었고, 어느 특정 상품만을 전담 판매하는 경우가 대부분이었던 것이다. 은행이나 증권회사의 인사 정책이 종합적인 상담 능력을 키우기 어렵게 되어 있었던 탓이다.

그러나 2~3년 전부터 크게 달라졌다. 은행에서 투신상품과 보험상품을 판매할 수 있게 되고 증권사 또한 자산관리형 영업을 강화하면서 실력 있는 FP들을 양성하기 시작한 것이다. 그 영향으로 금융상품과 부동산뿐 아니라 금융상품 관련 세제, 상속

세제 등에 이르기까지 자산관리와 관련된 것이라면 모든 분야에 대해 상담할 수 있는 FP들이 늘고 있다. 자산관리 분야의 전문성을 키워가기 위해 FP연구모임을 조직하여 열심히 공부하고 있는 FP들도 많다.

몸이 아플 때 주치의가 필요한 것처럼 FP는 자산운용의 주치의라고 할 수 있다. 일반투자자들이 자산운용에 성공하려면 실력 있고 믿을 만한 FP를 만나는 것이 무엇보다도 중요하다. 이제는 투자자들이 거래은행이나 증권회사를 고를 때 그 회사의 규모와 간판보다는 우수한 FP가 있는지, 그리고 서비스의 내용은 어떠한지를 보고 판단해야 하는 시대이다.

실력파 FP를 찾아라

최근 들어 은행, 증권회사 등에서 '영업자'라는 이름 대신 FP 또는 PB라고 불리는 직원들이 늘고 있다. 그러나 이들 모두 가 '자산운용의 주치의'라고 할 만큼 실력 있고 신뢰할 만한 전문 가인지는 의문이다. 금융과 관련된 지식뿐 아니라 고객과의 커뮤 니케이션 능력을 갖춘 전문가를 찾는 것이 쉽지 않기 때문이다.

따라서 다음 몇 가지의 체크 포인트를 가지고 실력파 FP를 선 별할 필요가 있다.

❶ 갑작스런 상담에도 대응해주는가?

살다 보면 갑작스런 사태가 발생할 수 있다. 큰돈이 생길 수도 있고 크 게 손해 보는 경우도 있을 수 있다. 또한 자산운용계획을 근본적으로 바꿀 필요는 없다 하더라도 다소 수정해야 할 일이 생길 수도 있다. 이 런 때에 부담 없이 연락하여 상담할 수 있는 FP인지를 살펴봐야 한다.

❷ 시간을 들여 고객을 이해하려고 하는가?

자산운용의 어드바이스를 받으려면 투자자 자신의 개인적인 사정을 자세히 이야기해야 하지만 처음부터 그러기는 쉽지 않다. 시간이 필요한 것이다. 그런데 처음 만나서부터 성급하게 이것저것 개인적인 사정을 질문하는

FP가 있다면, 이는 인간관계의 기본을 잘 모르고 있다는 증거다. 이런 FP는 피하는 게 좋다. 물론 신뢰할 만한 FP라고 판단된다면 FP의 질문에 대해 솔직하게 대답하는 것이 자산운용에 도움이 될 것이다.

③ 고객의 생각을 자연스럽게 끌어내려고 하는가?

만나자마자 "재산이 얼마나 되지요?", "자산형성의 목표는 무엇인가요?"라고 묻는 FP가 있다면, 이 또한 훌륭한 FP라고 할 수 없다. 자연스럽게 신뢰관계를 쌓아가면서 시간을 들여 고객의 생각을 끌어낼 수 있는 FP가 훌륭한 FP이다.

④ 고객 입장에서 조언을 하는가?

"손님의 인생관에는 문제가 있는데요?"

이런 식으로 설교를 하려고 하는 FP가 있다면 이 또한 피해야 한다. FP는 자산형성의 조언자이지 고객의 인생관을 평가할 입장에 있는 사람은 아니다.

물론 불가능한 고객의 요구에는 불가능하다고 확실하게 대답해야 하지만, 어디까지나 고객 입장에서 조언해주어야 하는 것이다.

⑤ 자신의 방법을 알기 쉽게 설명할 수 있는가?

FP는 자신의 투자이념, 운용방법 등을 고객의 눈높이에 맞추어 알기 쉽게 설명해줄 수 있어야 한다. 난해한 용어만 늘어놓는 FP를 인내하면서 상대할 필요는 없다.

⑥ 말과 행동이 일치하고 있는가?

가끔 보면 고객에게는 그럴 듯한 투자이념을 늘어놓으면서 자신은 딴짓을 하는 FP가 있다. 이 또한 믿고 맡길 수 있는 FP라고 할 수 없다.

13

미래를 대비한 3대 펀드

내 집 장만을 위한 펀드

만일 올해 초 결혼한 당신이 본격적으로 내 집 장만에 나서기 위해 펀드투자를 시작한다고 하자. 그동안 주택 마련 청약부금에 매달 15만 원씩 넣는 것 외에는 달리 투자를 하지 않았지만, 이제부터는 부인과 자신이 벌어들이는 월수입 중에서 일부 떼어내 적극적으로 투자해볼 생각이고 내 집 장만을 5년 후로 잡고 있다. 어떻게 투자하면 좋을까?

투자 가능한 금액으로 설계하라

당신은 우선 부인과 함께 가계부를 따져보았다. 부부가 매달 버는 총수입은 400만 원이며, 생활비로 180만 원 정도 쓴다고 하자. 저축과 투자자금은 총 35만 원이다. 그렇다면 매달 185만 원 정도는 여윳돈이 있어야 하는데, 결혼하고 이것저것 구입하느라 현재는 여유가 전혀 없다.

당신 부부는 여러 시간 고민해서 생활비 절약 방안을 세웠다. 그랬더니 매월 120만 원이라는 투자 가능 자금이 나왔다. 이제부터는 어떠한 일이 있어도 충동구매를 삼가고 짠돌이, 짠순이 노릇을 하면서 주택 마련을 위해 매월 120만 원씩 투자하기로 계획을 세운 것이다.

종잣돈 만들기의 목표를 세워라

당신 부부는 매월 120만 원의 투자자금으로 펀드투자에 나서면 얼마의 자금을 모을 수 있을지 매우 궁금하다.

5년 동안 월 120만 원씩 투자할 경우, 7% 이상의 기대수익률이면 1억에서 1억 2,000만 원의 주택자금을 마련할 수 있을 것으로 예상된다. 물론 이런 수익률이 반드시 달성된다는 보장은 없으므로 펀드 선택이나 위험관리에 신경을 써야겠다.

당신 부부는 28평 정도의 아파트를 구입하고 싶다. 그 정도 규모의 아파트를 현재 매입하려면 약 2억 원 정도가 필요하다. 5년 후에 살 계획이므로 매년 부동산 가격이 7%씩 상승한다고 가정하면 약 2억 8,000만 원이 필요하다.

그래서 당신은 펀드투자를 통해 마련할 수 있는 자금 1억~1억 2,000만 원과 현재의 전세자금 8,000만 원을 합치고, 나머지 부족한 자금은 모기지론을 통해 조달하기로 계획을 세웠다.

펀드 외의 다른 방법을 찾아보자

첫째, 투자에 관한 계획을 수립했으므로 이제

는 투자할 상품을 선택할 단계이다. 앞서 말했듯이 5년 이상 투자할 때는 장기주택마련저축이나 장기주택마련펀드를 이용하면 세제혜택을 받을 수 있으므로 이런 상품을 최대한 이용하는 것이 좋다.

우선 매월 투자할 자금을 은행의 장기주택마련저축과 자산운용회사의 장기주택마련펀드로 분리해서 가입하는 것이 좋겠다. 모든 금융기관을 통해 가입할 수 있는 최대 한도는 매월 100만 원이므로 이 한도 내에서 자금을 나누어 투자해야 한다. 물론 이 중에서 소득공제가 되는 금액은 매월 62만 5,000원이다.

둘째, 우선 당신은 은행의 장기주택마련저축을 설펴보았다. 은행의 장기주택마련저축은 3.5~4.8%의 금리를 확정해서 지급한다. 그런데 이렇게 금리가 확정된 상품에 매월 적립식으로 투자하게 되면 실제로 얻는 수익률은 그 절반인 2% 정도이다. 적금방식으로 돈을 맡기면 경과 일수만큼 이자를 지급할 뿐 연간 3.5~4.8%의 금리를 모두 주지는 않기 때문이다. 그래서 수익률이 상당히 저조해진다.

둘째, 당신은 앞으로 5년간 적립식으로 투자해서 내 집 장만용 목돈을 마련해야 하므로 가능하면 적극적으로 운용해서 고수익을 지향하는 주식펀드를 선택하고 싶었다. 하지만 장기주택마련펀드의 숫자가 너무 적고, 모두 채권펀드이거나 주식혼합펀드일 뿐 주식펀드는 없었기 때문에 선택의 폭이 너무 제한적이라는 점이 부담스러웠다.

둘째, 그래서 당신은 장기주택마련펀드는 포기하고 안정성과 세제혜택을 고려해 은행의 장기주택마련저축에 월 63만 원씩 불입하기로 결정했다. 은행의 장기주택마련 저축은 연간 3.5~4.8%의 금리를 제시하고 있으므로 실제 수익률은 약 2~3%이지만, 연말정산 때 소득공제를 받는 것과 비과세효과까지 감안하면 연간 4~5% 정도의 수익은 얻을 수 있을 것 같다.

결론은 펀드이다

당신은 전체 투자자금 120만 원 중에서 63만 원은 장기주택마련저축에 가입하고, 남은 57만 원은 일반적인 주식펀드에 가입하기로 결정했다. 그리고 이때 주식펀드의 기대수익률은 연평균 10%로 가정했다.

이렇게 할 경우 매월 투자하는 자금 120만 원에 대해 앞으로 5년간 연평균 7% 정도의 수익률을 기대할 수 있게 된다. 그러면 5년 후 약 1억 원의 자금을 마련할 수 있을 것이다.

총 기대수익률 = 장기주택마련저축 수익률 × 투자비중 + 주식펀드 수익률 × 투자비중

= 4.5% × 53% + 10% × 47% = 7.11%

매월 120만원 적립시 예상 수익금

연도	매년 투자자금	연간 평가이익	연간 원리금 합계	총계
1	24,000,000	853,500	24,853,500	24,853,500
2	24,000,000	853,500	24,853,500	26,620,584
3	24,000,000	853,500	24,853,500	56,133,891
4	24,000,000	853,500	24,853,500	85,674,495
5	24,000,000	853,500	24,853,500	118,386,535

앞에서 펀드 외에 다른 방법을 강구해보았으나 마땅한 답을 찾지 못했다. 그럼 이제 마지막으로 남은 절차는 주식펀드를 고르는 것이다. 여기까지 따라온 당신은 이제 수익률이 높은 주식 펀드 고르는 과정은 별 어려움 없이 할 수 있을 것이다.

펀드 가입하기

이제 투자하고 싶은 펀드 3개의 판매회사를 찾아가서 펀드에 가입할 단계이다. 펀드존을 통해 3개 펀드의 판매회사를 조사해보니 마침 근처에 있는 증권사 한 군데서 판매하고 있다는 사실을 알게 되었다. 그래서 부부가 하루 휴가를 내서 찾아가기로 했다.

당신은 동네에 있는 은행을 방문했다. 조그마한 은행지점에는 10여 명의 직원들이 근무하고 있었으며, 안내원이 안내해준 금융상품 코너에 가서 상담을 받기 시작했다. 먼저 은행의 주택마련저축상품 이자율을 알아봤더니 이미 인터넷에서 확인한 이자율과 거의 동일했다. 그래서 당신은 매달 63만 원씩 불입하는 상품 가입을 마쳤다.

다음으로 추가로 가입하고 싶은 주식펀드 명칭을 이야기하고 펀드존에서 출력해 간 성과평가 자료를 보면서 수익률, 위험, 투자 스타일, 펀드매니저 인적사항 등을 질문했다. 그랬더니 은행직원이 허둥지둥하면서 제대로 대답하지 못하는 모습을 보였고, 당신은 크게 실망해서 펀드 가입을 포기하고 은행을 나섰다.

당신은 조금 귀찮지만 버스를 타고 몇 정류장 떨어져 있는 증권회사로 갔다. 증권회사 역시 10여 명의 직원들이 근무하는 한산한 곳이었다. 하지만 당신 부부를 상담하는 창구직원은 주식펀드의 정보를 잘 알고 있었으며, 주택 마련 시 주의해야 할 사항까지 자세하게 상담해주는 자세를 가지고 있었다.

직원은 당신 부부가 이미 주택 마련 계획을 체계적으로 수립하고 왔다는 사실에 매우 놀라면서 그 계획의 장단점을 말해주기 시작했다. 한 시간 정도 주식펀드에 대해 이것저것 궁금한 점들을 물어보고 나서 대형주펀드에 매달 57만 원씩 자동이체되도록 서류를 작성하고 펀드 가입을 끝냈다.

교육자금 마련을 위한 펀드

당신은 세 살, 한 살짜리 두 아이의 총 교육비를 계산해보고는 어마어마한 숫자에 기가 질렸다. 그래서 하루라도 빨리 아이들 교육비를 마련해두어야겠다는 생각에 펀드투자를 하기로 했다.

이제부터 펀드를 이용해 어떻게 학자금을 마련하는지 따라 해보자.

교육자금 마련 계획을 세우자

필요한 교육자금은 이미 계산을 마쳤다. 두 아이가 초등학교, 중학교, 고등학교, 대학교에 입학할 시점에 필요한 자금을 마련하기 위해서는 지금부터 매년 1,588만 원, 즉 매월 133만 원을 투자해야 한다.

매월 투자할 자금의 자산배분을 결정하라

다음 단계로 할 일은 앞에서 교육비를 계산하는

과정에서 가정한 투자수익률 8%를 실제로 얻을 수 있도록 자산을 배분하는 것이다. 자산배분이란 매년 투자해야 하는 자금 중에서 주식펀드와 채권펀드의 비중을 각각 얼마로 할 것인지 결정하는 것을 말한다. 펀드투자를 할 때는 반드시 주식과 채권에 대한 투자 비중을 먼저 정하고 나서 펀드를 선택해야 한다는 것을 기억하라.

주식펀드에 적립식으로 매월 투자할 때 기대수익률은 10%로 가정하고, 채권펀드는 세후 3% 정도로 가정하는 것이 무난하다. 그러므로 기대수익률 8%를 달성하기 위해서는 주식펀드에 70%, 채권펀드에 30% 투자하면 된다.

기대수익률 8% ≒ 주식펀드 10% × 0.7 + 채권펀드 3% × 0.3

그럼 주식과 채권에 분산투자하지 않고 주식에만 전부 투자하면 어떻게 될까? 주식에만 투자하면 기대수익률은 연간 10% 수준으로 높아지지만, 투자위험도 마찬가지로 높아지기 때문에 이렇게 높은 기대수익률을 제대로 달성할 수 없다. 그래서 비록 기대수익률은 다소 낮아지더라도 투자위험을 낮추기 위해 채권을 조금 사용하는 것이다. 채권은 위험을 낮추는 수단이 된다는 점을 기억하라.

당신이 올해 처음으로 투자해야 하는 자금은 연간 1,588만 원이며 이를 12개월로 나누면 매월 133만 원이다. 그러므로 당신은 133만 원 중 70%인 93만 원은 주식펀드에 투자하고, 나머지

40만 원은 채권펀드에 투자하면 된다.

펀드 선택하여 투자

주식펀드와 채권펀드의 투자 비중이 결정되었다면 이제 직접 주식펀드와 채권펀드를 고르면 된다. 당신은 주식펀드와 채권펀드 모두 지난 1년간 등급이 우수한 펀드 중에서 고르기로 했다. 별표가 5개인 펀드는 수익률과 위험관리가 동시에 탁월하다는 뜻이므로 투자대상으로 손색이 없다.

펀드 가입

이제 마지막으로 남은 일은 가까운 펀드 판매회사를 몇 군데 방문해보는 것이다. 앞에서 찾은 주식펀드, 채권펀드의 판매회사를 알고 싶으면 자산운용회사에 직접 전화하거나, 집 근처에 있는 금융기관에 전화해보면 된다.

매월 신경 쓰지 않도록 적립식 펀드투자로 통장에서 자동이체되도록 계약하면 편리하다. 가입할 때 필요한 서류는 신분증과 도장 정도이기 때문에 별다른 어려움 없이 가입할 수 있을 것이다.

노후자금 마련을 위한 펀드

당신은 올해 38세로 직장인이다. 직장생활을 시작한 지 10년 되었고 부인은 남편보다 두 살 적은 36세이다. 여섯 살짜리 딸이 하나 있으며, 3년 전에 다소 무리를 해서 조그만 아파트를 구입함으로써 내 집 장만에는 성공했다.

당신은 아파트 가격이 너무 높기 때문에 당분간 집을 늘려서 이사를 갈 생각은 없다. 특히 고령화 시대가 다가오면서 부동산 가격이 하락할 가능성이 높기 때문에, 집에다 지나치게 많이 투자하기보다는 펀드나 연금상품 등으로 노후를 알차게 준비하는 편이 낫다고 생각한다.

당신 부부의 기초자료

현재 월 소득 : 350만 원

은퇴 시점 : 60세

은퇴 후 생활비 : 월 200만 원

은퇴 기간 : 60~80세

남편 사망 후 부인의 생활비 : 월 120만 원

은퇴 계획 세우기

당신은 만 65세부터 국민연금을 수령할 수 있다. 일단 현재가치로 약 50만 원 받는 것으로 가정했다. 국민연금은 월 표준소득 280만 원으로 20년간 보험료를 납부하면 65세부터 매년 64만 4,660원을 수령할 수 있다.

하지만 계속 이런 식으로 지급하다 보면 기금이 고갈될 가능성이 있으므로, 앞으로 언젠가는 지급액을 줄이는 정책이 나올 가능성이 높다. 따라서 소극적으로 김 과장의 은퇴 후 국민연금 수령액을 50만 원으로 가정했다.

매월 투자액 계산하기

그렇다면 은퇴 시점에 4억 9,000만 원을 마련하기 위해서 앞으로 60세까지 매월 얼마씩 투자해나가야 하는지 알아보자. 당신은 앞으로 은퇴 시점 60세까지 22년간 매년 약 884만 원, 즉 매월 74만 원을 투자해야 한다.

자산배분 결정하기

이제 다음 단계는 매월 투자하는 자금에 대한 자산배분을 결정하는 일이다. 앞서 주식에 대한 기대수익률은 10%, 채권에 대한 기대수익률은 3%로 가정했다.

주식에 대한 투자 비중을 69.9%, 채권에 대한 투자 비중을 30.03%로 해야 한다. 즉 '주식:채권=7:3'으로 하면 되는 것이다. 당신 부부는 매월 투자자금 74만 원 중 70%인 52만 원을 주식펀드에 투자하고 30%인 22만 원을 채권펀드에 투자하면 된다.

펀드 가입하기

이렇게 해서 당신 부부는 노후자금 마련을 위한 모든 계획을 수립하고 투자할 펀드도 선택했다. 부부가 함께 펀드를 판매하는 은행 한 군데와 증권회사 한 군데를 찾아가서 상담한 다음, 가입 서류를 작성하고 펀드 가입을 끝냈다. 이제 매월 74만 원이 자동이체로 빠져나가 펀드에 투자될 것이다.

에필로그

이 책을 내기까지 도움을 주신 분들께

       이 책을 내기까지 용기와 도움을 주신 분들이 많습니다. 저를 낳아주신 아버님, 어머님, 제 인생에 있어 너무나도 소중한 반려자 아내를 낳아주신 장인어른, 장모님, 저에게 늘 힘을 주시는 가족들, 대학시절부터 저를 지켜봐온 제 소중한 친구 승우, 장열, 친구들, 제가 가장 아끼는 후배 김원식 대표, 제 곁에서 늘 한결같이 든든하게 지켜주시는 이성복 고문님, 임태홍 전무님, 유혜선 이사님, 한길만 부회장님, 이동은 이사님, 처음부터 지금까지 한결같이 저를 믿고 따라와주고 있는 우리 볼튼 가족 여러분들, 3,000여 명이 조금 넘는, 제게 힘을 주시는 고마운 제 지인분들에게 감사함을 전합니다. 마지막으로 사랑스런 우리 아들 태오, 민제, 그리고 숨 같은 사람, 사랑하는 아내 홍승희님께 이 글을 바칩니다.

2011년 3월
사랑하는 가족들과 함께
저자 김경식